not only passion

dala sex 010

放鳥過來！

性愛女寫手的嗆辣記事

鳥來伯◎著

not only passion
大辣

dala sex 010

放鳥過來！

性愛女寫手的嗆辣記事

作者：鳥來伯
繪圖：BO2
責任編輯：郭上嘉
校對：呂靜芬、黃健和
企宣：吳幸雯
美術設計：楊啓巽工作室
法律顧問：全理法律事務所董安丹律師
出版：大辣出版股份有限公司
　　　台北市105南京東路四段25號11樓
　　　www.dalapub.com
　　　Tel: (02)2718-2698　Fax: (02)2514-8670
　　　service@dalapub.com
發行：大塊文化出版股份有限公司
　　　台北市105南京東路四段25號11樓
　　　www.locuspublishing.com
　　　Tel:(02)87123898　Fax:(02)87123897
　　　讀者服務專線：0800-006689
　　　郵撥帳號：18955675
　　　戶名：大塊文化出版股份有限公司
　　　locus@locuspublishing.com

台灣地區總經銷：大和書報圖書股份有限公司
地址：242新北市新莊區五工五路2號
Tel：(02)8990-2588　Fax：(02)2290-1658
製版：瑞豐實業股份有限公司
初版一刷：2006年2月
初版九刷：2011年10月
定價：新台幣250元

ISBN 986-81936-0-5

放鳥過來！

性愛女寫手的嗆辣記事

目次

序──
在床舖的中心呼喊辣報

　　出這本書，對鳥來伯而言，彷彿初夜──什麼？開始了嗎？什麼？結束了嗎？

　　本書整理自「大辣辣報」發表過的文章，當初辣報的內容，是依主題撰寫，故事較為片段零星，有些人事物，因年代久遠，不知到底是回憶還是創意。後來在大辣同仁的鼓勵下，鳥來伯終於決定面對現實，把不知道丟在哪裡的性愛回憶一片片拼貼，將每篇故事串聯，加血加肉，完成了這本書。

　　當初撰寫「大辣辣報」時，為了博取辣報會員的收看率，清純可人的鳥來伯決定以身作則，每回動筆前，必先找自家男人動手！流程是這樣的：知道當週主題→約男人→敲恩愛通告→恩愛→寫稿。

開玩笑，每天的工作量早把腦袋灌爆，如果不先來恩愛一下刺激靈感，怎麼搞得出性愛文章呢？爲了寫稿而性，就像是「考前惡補」，但說實在的，寫辣報的那段時間，所經歷的不人道夭壽訓練、按表狂操，眞的讓鳥來伯功力大增，餘韻無窮，堪稱鳥史上最輝煌燦爛的一頁！

　　如果在寫稿前幾天缺乏性愛滋潤，那麼文章便會寫得腸枯思竭、逢彎必拐，在電腦前摸半天也掰不出一段好貨；相反的，如果男人爭氣點，不黑臉，不快閃，好好替我滋補，那麼文章必如性愛般行雲流水，行於所當行，止於所不可不止。在此之中，我驚覺，恩愛是寫辣報的靈感，寫辣報是我恩愛的動力！My God！這簡直是毒蟲跟藥頭的關係啊！

　　爲了增添恩愛質感，鳥來伯還會很敬業地蒐集資料，奔走察訪，用套的，用盧的，整理出姊妹們聚會談到的性愛話題，作爲我當週性愛的重要筆記。性愛過程中，也會盡力去體會片刻的溫柔，用心去感受那些請教過的「前輩」所說的感覺。我也深深發現，性愛絕非A片或男人口中的神論，更多的是女性朋友親身的體驗，比男人描述的更眞實，比女人討論的更露骨。做愛不是做「愛做」的事情，有時候是做「愛笑」的事情！這世界不僅男人談論女人，其實女人談論男人也是如此精采；但我堅持不做人身攻擊，只是把感覺清楚地刻劃出來，不論男女，都會在裡面看到自己的影子，但請不要對號入座！

　　也感謝辣報編輯每次建議的主題，都非鳥來伯所願，我才可以被逼得在性愛上突破自己，勇於挑戰，讓性愛不只銷魂，也可以爆笑，每次都是戰戰兢兢接搞，轟轟烈烈完稿。

例如，有一次主題是「牙齒」，整個過程我琢磨半天，就是想體驗「唇亡齒寒」的感覺，男人好幾次在我齒鋒下倖免，漫漫長夜差點蛋破天驚⋯⋯

　　還有一次好像是談論什麼「場所」之類的，我提議不如去樓梯間試試，但對方硬是不肯，說什麼怕偷拍等等的，最後在我允諾再追加一次口技服務後，他終於答應擠在那窄小的空間，陪我露胸抬腿，挑戰極限。感覺當然是妙不可言，但爽歸爽，回家後兩人皆腰酸背痛，只好狼狽地彼此互貼沙隆巴斯，完全和白天縱慾盡歡的畫面不成正比。

　　凡此種種，雖然白爛，但卻豐富了我。以此作為勾搭男人和挑戰性愛的藉口，就像惡人流著淚做壞事的樣子，讓人又痛恨、又同情、又同意！

　　有一陣子，我停寫辣報後，竟然對性生活也淡了胃口，龐大的工作壓力紛至沓來，連分一點享受的時間給自己都難，大家都知道，女人一忙起來就瘋了，男人是首當其衝被影響的。當時，男友曾形容我們的性生活就像鬼擋牆——他一伸手就被我擋回去，他只好自己「打」自己，打到快失智撞牆。

　　我只能說，我的性能力深深依賴著辣報！（為此，我也正在極力地尋求解決之道⋯⋯）

　　先撇開因為寫辣報而聽取不少性愛故事不說，至少，百忙中它像是個溫馨的提醒：「哈囉！別忘了來一發喔！」尤其對女人而言，平常沒事時，很少會像男人一樣容易蠢蠢欲動的，面對男人的求歡，難免會像每個月繳房租一樣，看成「應辦事項」去完成。

但是，爲因應辣報每期發刊，我就得時時保持著「準備恩愛」的心情。除了腦中常盤旋著交媾的鏡頭，甚至有時後想著想著，當下就不由自主呻吟著只有自己才聽得見的歡愉聲，哪怕只是在捷運車廂裡抓緊欄杆，都能幻想成在摳抓著男人的背，眞是夠理想、夠浪漫的了……。

　　或許是刻意遺忘還是眞的不記得了，未寫辣報之前，鳥來伯彷彿是個「做過不留痕跡」的女人，很少記住性愛過程的感動畫面；但在撰寫辣報，甚至在完成本書的過程中，卻意外讓我想起很多人事物，鳥來伯遇過的那些愛啊恨啊憂愁啊，想必也曾發生於你／妳身上，希望在笑中帶淚的閱讀過程中，我們都能笑看屬於自己的抓狂性愛記事。

　　「爲辣報而性」，從某個角度來說是很有幫助的；感謝大辣的天使編輯們，給我莫大的勇氣與空間，也感謝曾經跨「床」相助的男寫手們──白爛、秋山貳人、史萊姆、SM1010。如今整理成書，尚不知結果爲何，但可想而知的是，我那在大後方的性伴侶，將是最直接的受惠者！

Chapter 1

這些怪男人

因為他長得像金城武

女人的鼻子是一個很恐怖的雷達，只要愛過，就一定忘不了男人的味道。

好味道讓人終身難忘，怪味道卻讓人想到就嘔。恐怖的是，這種貼身氣味，有時並非一天兩天的接觸可以發現的，當妳已經愛到能脫光衣服袒裎相見時，卻發現對方有妳無法忍受的氣味，那實在有夠悲情無望的。

鼻子是女人的第二性器，很多女人用味道來記憶男人，分手後可以忘記他的一切，但只要一聞到味道，就能立刻像電腦搜尋檔案一樣，快速拼出他的關鍵報告！如果男人身上該死地出現了哪個野女人的騷味兒，就算在千里之外，我們也能立刻嗅出來。女人可以記性差、技術破，但是嗅覺上的敏銳度絕對

要打死不廢！

我曾有一個男友，英俊瀟灑，如金城武般令人垂涎，因為他長得像金城武，就是這張臉，轉移了我嗅覺的注意力。

那時正值冬天，總是大毛衣厚外套的，能包的地方都包了，根本聞不到啥味道。雖然金城男第一次騎機車載我回家時，我在後座就隱約聞到前面飄過來的某種濕臭味，但是，因為他長得像金城武，為了情感，我暫時蒙蔽了智商，繼續跟他交往。

後來我發現，我錯了，我只能心存僥倖的欺騙自己，但絕不能欺騙嗅覺！金城男真是個史上罕見，可以意外地集口臭、狐臭、汗臭於一身的男人，除了臉蛋、身材難得的優之外，這種三合一的臭味也是八百年也找不到一個的 Top 1！

剛開始認識時，金城男的籃球隊剛打完球，在一旁的我立刻就被一陣汗臭味癱瘓，你絕對無法想像所有汗臭混在一起的恐怖滋味。如果還得跟他們同一台電梯，那就是人魔大戰的序曲，氧氣一樓比一樓稀疏，滯留的臭味頓時凝結，彷彿一整隊的籃球員聯合起來輪暴我。雖然每個人散發出的男人味不見得都很臭，但是加起來，就很奇怪地殊途同歸，聞到那種味道，好像坐上了有廉價香水的計程車，讓人頭暈目眩。

因為他長得像金城武，所以我還是繼續蒙蔽智商，認為有汗臭的人絕不是他，一定是旁邊那些隊友散發出來的。

感情進展半年，終於到了上床的關鍵時刻了，時序也剛好走到夏天，激情讓我們汗流浹背，眼看就要啪啪啪啪了⋯⋯。我看著他精緻的五官，所有金城武拍過的電影從我腦中一一劃

過，喔，《心動》裡面那個彈吉他的男孩，《向左走·向右走》那個憂鬱的小提琴手，《黃金保齡球》裡手臂用力一揮，隨即strike的自信男人……想到這裡，眼前這位金城男，也把手臂高舉起來，圈住我的臉龐，忽然，一股濃濃的動物騷味衝進我鼻孔裡，注意，是「衝」，味道是用直衝的，不是用飄的！我聞到只有木柵動物園才有的味道，順著味道尋去，落在他那長滿毛的胳肢窩。天啊，這是傳說中的男人狐臭嗎？那一刻，我知道我已淪陷胡人的營區裡了！

怎麼會？你不是金城武嗎？你怎會「狐」到一個不行？我承認我有嚴重的偶像情節，但是，不要給我差這麼多好嗎？因為他長得像金城武，所以我再度閉上眼睛，想逼自己回到剛剛的幻想中，《十面埋伏》裡……，不行！我受不了了，我被五味轟頂，好臭啊！我掙脫開他的手臂，臉部出現非自控的憎惡表情，性慾馬上就冷卻了！對不起喔，金城武，我只能打發你走了……

關上門，我回到床上呆坐了一下，那味道真是揮之不去。我只好把床單換掉，打開窗戶通風，把我的臉和手用香皂用力地搓洗，我依舊覺得那氣味好像從木乃伊身體裡面爬出來的屍蟲，密密實實地爬滿我的身體。

過了一個禮拜，因為他長得像金城武，我決定再給他跟我一個機會。

但是，他依舊沒好好把握，做愛前又跑去打球，這都不打緊，拜託你也洗個澡，好嗎？他一進門就脫掉衣服，一把撲到我在身上時，啊……這次雖然沒有悶悶的狐臭，但卻來了個腥

腥的汗臭！我快斷氣了，好呀，原來兇手就是你，打球完電梯裡的汗臭味也是你！

我不知道那一次是怎樣勉強做完的，就像悶在中藥鍋裡的藥材，那體臭已紮紮實實地熬進了我的毛孔內。我只記得，我很多時候都將頭埋在枕頭裡，心想悶死算了我！最可怕的是，高潮時，金城臭男硬是把我從枕頭上翻起來，用巨大的身軀緊緊環抱著我，讓汗臭像氧氣罩一樣將我籠罩。他最後還大叫呢，因為他長得像金城武，所以我叫得比他更大聲，一種愛恨交織的爆發力……啊！我內心大喊：「想嗆死老娘喔，死沒良心的金城武！」

那晚，金城臭男在我那裡過夜，洗過兩次澡後，還撲上爽身粉，因為他長得像金城武，味道果然正常多了，我們又來了一次，嗯，我也到了幾次。但有一好，沒兩好，第二天清晨起床，金城臭男張開嘴的第一口氣，又讓我倒彈，噢，可以不要這麼悶臭嗎？刷完牙再來好嗎？金城臭男絲毫不管我撇過頭去的表情，執意將不乾不淨的嘴巴「口無遮攔」地湊近我，我立刻清醒，翻身逃下床。很多男人或許覺得，起床後來個深吻很浪漫，但是，真的不是每個人都適合這樣的，就像有些女生剛起床那還沒上妝的臉會嚇到男生一樣。

因為他長得像金城武，所以就更加不能這麼臭呀，萬般皆好，唯有一臭，真是可惜透了。而且，體臭是可以克服的，一個有修養的男性在做愛前，即使洗不乾淨自己的身體，也會借用一些芳香產品去補強，這是一種禮貌和尊重，不是嗎？為何這些男人不能認清這一點？因為他長得像金城武，不就更該還給女人一點清新的空氣嗎？男人在乎視覺，同樣的，女人也在

乎嗅覺，在男人希冀女人身段玲瓏的同時，是否也該做到女人對你們氣味的要求呢？

真的深愛一個人時，又因為他長得像金城武，這些臭味，說不定都是可以接受的。

不過，我得承認，我還是比較愛螢幕上的金城武！

▍砂石車小開

前幾天去搭公車，看到公車「摳將」吃力地迴旋著方向盤，我突然眼眶一濕，多麼熟悉的經典懷舊畫面啊。

時間彷彿回到五年前。那時候，鳥來伯有個男友是個砂石車小開，他沒有繼承家業，反而到網路公司擔任工程師，自從有駕照以來，都是開著有著巨大「韓多魯」的卡車上下班。

剛開始跟小開約會時，還得穿著裙子爬到砂石車上，姿勢說有多醜就有多醜，起初的幾次還不太會上，一隻腳沒扒穩就滑落去，還需要他從後面幫忙推屁股，真是羞死人了。最好笑的是，有時還得坐砂石車去華納威秀看電影，或是穿著漂亮的華服坐上砂石車去參加 party，停車場的人常常以爲我們要去會場中庭施工咧！

這位小開呢，雖然搞的是高科技產業，但承襲他老爸的個性，骨子裡流的卻是豪氣強悍到不行的血液，我就是被他那種除了會吃檳榔之外的豪邁風格煞到。你知道的，開砂石車的人，必須時時刻刻用粗壯的手臂使勁地撥著方向盤，光看他的二頭肌就讓我口乾舌燥了，更別說夏天時，汗水從他臉上順著下顎流到肩膀，滑到手臂，直至掌心，再配合他野獸般的手掌濕濕地抓撥著方向盤，手掌跟方向盤好像黏在一起，那種快速撥轉間的美妙手勢，要有多性感就有多性感。跟他平常在辦公室裡埋頭寫程式的呆瓜樣，簡直差遠了！

和他成為男女朋友，鳥來伯勢必得常常練習上砂石車，熟能生巧後，我也漸漸喜歡上坐砂石車的快感。那種居高臨下的皇帝娘感覺，彷彿漫步在雲端，是雙B房車無法取代的！尤其前面的大玻璃用反光貼紙貼住，雙重隔離下，就算裡面上演著殺人分屍案，應該也沒人看得到；如果是做愛，那快感更是連征服聖母峰頂端也比不上的！

有一天，我們溜到他家車庫裡，選了一台砂石車開出去，假兜風之名行性愛之實。砂石車上耶，那可是鳥來伯此生的第一次車震喔！

開過幾條路之後，我們開始親親抱抱。小開只用右手，就很順地像剝檳榔一樣，一下子把我的上衣加胸罩脫光，另外一隻手仍繼續開車。剛剛的過程對他而言，好像跟打開車上的零食一樣簡單。

他把我拉上方向盤，讓我如八爪魚般仰身在上，我身體的左邊，隔一道玻璃就是馬路，也就是說，對方來車如果夠高，

打個閃燈我就見光死了！「救命喔，這是什麼鬼姿勢。」他繼續開著車，讓我身體兀自隨著方向盤左右移動。忽然，閃過一個轉彎後，他快速地用手俯抓掃過我的胸部，我驚跳起來，頭差一點撞到車頂。喂，開砂石車的，你的手力果然驚鬼神！

是女人都知道，一般的男人只會用指頭玩弄「葡萄乾」，如果用整隻手掌搓揉，通常都會太大力而讓女人感到疼痛。但小開卻老練的很，一開始先是用掌心撫摸我，手掌完全張開，以快速旋轉的方式打圈，那就是平常打方向盤的手勢啊。平平都是用掌心，小開的手技卻舒服地讓人想給他小費。以前我老是以為只有乳頭是敏感帶，但他這招把我當成「韓多魯」的乳圈掌功，卻讓我感到粗暴中帶點被按摩的快意。小開天天練習，果然有差。

最後，在遠離地面約二公尺的車上，我們用坐姿，像天使一樣地結合了。神奇小開還是繼續開車，並且細心地轉開車上的廣播給我聽。

你知道，砂石車的搬將朋友是不會在車上放啥浪漫音樂的。當他一打開收音機，我正扭動的身體，就因為聽到那卡西音樂及賣膏藥的電台廣告而停止了下來。喇叭中傳出如〈快樂的出航〉或是〈爽到你艱苦到我〉的歌曲，甚至還有口白……

你可以了解在做愛當下，不時邊聽著「囝仔臭頭爛耳生疔仔毒粒仔，這是安那啊？」和「覺得嘴乾、嘴苦、嘴臭、閉結嗎？」等鄉土廣告的感覺嗎？有時到了鬼月，地下電台還會播放鄉野奇譚，在荒郊野外邊聽鬼故事邊做愛，沒有一定的色膽還真的難以高潮。然後，我聞到他披在椅背上的臭汗衫隱約傳來的鹹魚味兒，真是一種非常平民化的體驗，我感覺自己超像

青蚵仔嫂！

　　有時假日，小開幫自家工廠載貨，車後雖然載著一堆雞鴨豬犬，但「想要」時，小開才不管咧，他會不要命地開車＋嘿咻＋超速＋講手機，電影《捍衛戰警》的基努李維在公路上狂飆救人的畫面，真的已經不稀奇了。整條路上，雞啼、鴨叫、豬鳴、狗吠，再配合車裡的呻喔聲跟電台廣播……我好像在諾亞方舟上，正跟著各種動物亡命沉淪。

　　我呢，敗就敗在戀上了不動聲色的男人。砂石車小開就屬這一種，縱使我笑、我叫、我吶喊著：「轉彎吧！不要因為我是嬌花而憐惜我，用力轉呀！」他還是繼續前進，眼觀八方，腰扭四面，只會在到達目的地時，左三圈右兩圈地倒車，最後按按躺在方向盤上的我的乳頭，發出「叭叭」的喇叭聲，用力地把他的「車子」挺進我的「車庫」裡，先向我「交貨」完，再下車跟廠商交貨。

　　這就是砂石車小開長久以來培養出的九五之尊個性。畢竟，砂石車在路上行走，其他車輛通常是閃得遠遠的，所以小開常認為路是他家開的，在車上幹哪種勾當也沒人可以管他，即使做愛也一樣。

　　我到現在還很懷念他，懷念那種跟不同產業的人的互動性愛，懷念那段屬於我們倆的省道雙雄傳奇。

▌無望再舉男

　　我先說，不是說男人不舉不好，而是這種事情，都是有前因後果的。

　　從前從前有一個男生，他大概是我遇過最會吹噓的男人了。眞的很像夜市走闖出來的，超會推薦性能力，把自己說的跟 A 片男星一樣猛，鳥來伯當時年紀小，眞的被他唬得一愣一愣的。交往之初，光聽他在網路上說一些令人心旌搖惑不已的字眼，就已經自動去把保險套買好了；尤其他在講述與前女友怎樣做愛到天明的淫亂場景，更常讓我在上班跟他 MSN 時，哈到想衝去跟他做愛。

　　不過，後來我才知道，就跟網路購物一樣，說得越多捧得越高的，往往越讓人失望。沒辦法，有時候不是我們要求太

多，而是⋯⋯唉，你知道的，性愛嘛，總希望能旗鼓相當，男人不要亂說都沒事，這樣亂亂搞，搞得人家已經有了預設立場，原本希望辦完事有機會「身體虛弱」一下，沒想到卻是「精神耗弱」啊！

剛開始，我是沒覺得怎樣，因為這位「不舉男」掩飾得可巧妙咧。我不得不承認，他的前戲很令人銷魂，或許是他自知等一下的表現會被我踢下床，所以在此方面格外下功夫，讓我感受到前所未有的體貼和餘韻。不是蓋的喔，吹含吸舔摳樣樣沒話說，打不還手，罵不還口，就是很專業的那種，裡裡外外，前前後後，全都幫我照顧到好。甚至還在我滾滾黃河天上來、雞皮疙瘩掉滿地時，他也堅持不進入，只用「手動式」讓我高潮，然後就停下來了⋯⋯

停下來做啥呢？

他停下來之後，會在我耳邊說：「嗯，夠了，這樣對我而言已經足夠了，就算不做愛，不進去，我這樣就覺得很幸福了！」鳥來伯當時真的沒想太多，直覺我應該讓他也「幸福」一下，於是伸手要去幫他「摸兩把」，但他一個箭步擋下我的手，說：「妳只要盡情享受就好，先不用管我。我只要妳好好享受！」哇！這男人超超超體貼女人的耶！

放眼望去，沒有一個男人會像他一樣體貼慢熱，其他賤男人總是啵啵幾口，就巴不得要長驅直入，連前戲有時候都跳過了，不入虎穴焉得虎子，對男人而言，總是覺得：都已經到這地步了，不進去就太奇怪了吧！所以呢，眼前這位男士的行為讓我感到格外窩心，我們的第一次歡愛雖沒有打點得分，也算

是滿足。因爲我深信，他還沒有發揮他網路上所說的——全部的實力。

但是這種「妳只要盡情享受就好」的洞口巡禮洩洪後，他仍是沒有意願更進一步，這……就算是尼姑也會想吶喊：「來上我吧！」更遑論烏來伯？老兄，拿出你網路上說的那些技倆來比劃一下啊！老兄！

不管了，這一次，沒等他說什麼「我只要妳好好享受」的屁話，我決定迅速爬上他的身體，想用「騎士精神」的姿勢上了再說。我突然發現，咦！怪了？小弟弟到哪裡去了？照理說，這種流線型的「上馬」方式，通常都是一滑就準準地進去了，這……我不死心再駕馬一次，哇咧！撲空？我一急之下伸手一撈，怪了，怎麼會不見呢？只有軟趴趴的東西落在我手上，搞半天原來這傢伙還沒勃起！好吧，我太心急了，再前戲一次……

可是可是，不管前戲幾次，當我爬上去時，他總是靜悄悄的。要他爬上來，也是「麻糬碰蛤仔肉」，根本感受不到硬度呀！男人第一次不舉可以接受，第二次不舉可以忍受，第三次不舉時實在是很夭壽。那個口口聲聲說自己很勇的男人，只會乖兮兮地趴在我身上，現在是怎樣？

我也麻痺了，躺著躺著就快睡著了，心裡不斷想著：還有哪幾張信用卡帳單沒繳錢、明天週年慶要去搶哪一罐化妝水、哪時候要預約剪頭髮……，我完全從做愛的氛圍中跳脫，靈魂出竅到一種客觀到不能再客觀的境界。

這時，不舉男突然很努力認眞地挑逗我（不如說他在挑逗自己），又開始了下一輪的前戲。

正當我厭煩到幾乎想翻開報紙時，突然，他緊抱著我說：「我射了⋯⋯」我這時才突然回神，驚覺自己還在做愛！射了？怎麼會？射在哪裡？你剛剛有⋯⋯？抱歉，你是舉槍朝天發射嗎？還是槍枝走火，像老人家一樣流出來的呢？但是基於道德，以上疑問恕我不敢脫口而出，我只是婉轉地說：「下次，我想跟你『一起』耶！」

「嗯，我怕妳太累⋯⋯」他回答我。

這⋯⋯怕我太累？我累在哪裡？我剛剛做了什麼嗎？幫幫忙，大家都那麼熟了，不要這樣客氣喔，我雖然平常身體不好、容易疲勞，但是你說你不進來是因為怕我太累？我⋯⋯我要哭了，我一點都不累啊，有啦，我等你等到很累，剛剛差點睡著，還差點拿報紙來看，但是，我的肉體，一‧點‧都‧不‧累‧耶⋯⋯。老兄！你到底知不知道你自己不舉？你之前跟我說的那些豐功偉業，都是假的喔？殺人了，我無法冷靜！

後來，我試過各種方式：放 A 片一起欣賞，希望邊學習邊同室操戈；要不就是喀藥哈草，希望一 high 之下能順利失身；連情趣內衣都死命塞過幾次，賣力地跳脫衣舞給他看。我想，就算吃素的和尚，也會丟下木魚發瘋似地撲向我了吧！但，不舉男每次都還是前戲來去一場就沒了，下面沒動靜就是沒動靜，每次做愛前，我苦心找來的情趣用品，對我來說都是大期待換來的大失落。沒想到竟然有男人都進了我鳥來伯的門，卻不能成為我的人！好頭痛！

更讓我頭痛的是，他還是繼續跟我說著他以前是多麼能讓女人哎哎叫、一夜幾次郎等故事，聽得我耳朵都快長包皮了！

後來，這位「靠嘴巴做愛」的不舉男，竟然背著我出軌，留下滿屋子我爲他準備的情趣商品，和網路上笑破肚皮的煽情留言。他的「不舉」，成爲我們永遠的秘密，甚至是我回憶起他唯一的安慰！

不知道現在，他是否繼續在世界的某一個角落，用他的「尬妹宣言」唬人？繼續怕愛他的女人「太累」？繼續在溫柔的前戲後讓女人跌倒？

重點是，他「站起來」了沒有？

▌叫我虎哥

　　鳥來伯有嚴重的戀父情節。一想到老男人，荷爾蒙就開始像電動馬達一樣答答地運轉。

　　我說的「老男人」其實不老，大概就是已經脫離二十歲買保險套要比價的青黃階段，又未退化到抖手年紀的三、四十歲中年熟男，對我而言，他們算是世界上性愛條件最優的人種。

　　至今我只交往過一位熟男，依舊吮指回味樂無窮。他有個像從「維士比」廣告裡走出來的名字——「虎哥」。

　　虎哥比我年長十八歲，有股懾人的威力，他是之前我在唱片公司上班辦活動時陰錯陽差認識的。

　　那天，他底下的小弟占了我們事先預定的場地，還要流氓嗆堵，討厭死了。我不知哪來的勇氣，還用台灣國語回嘴罵過

去，當時，有一個很像大哥的人剛好在現場，看鳥來伯這樣潑辣，大概心想「歹年冬，遇肖婆」，連忙跟我道歉，還覺得很過意不去，特別叫那幾個嗆聲的小兄弟到我們辦的簽唱會裡買了二十張 CD 排隊簽名，表示歉意。要離開前，我們兩人還煞有其事地交換名片，一副不打不相識，惺惺相惜的模樣。

　　幾個月後，一忙，他是誰我根本就忘記了。直到有一天公司要拍 MTV，需要找一個有大哥氣息的傢伙來演，我自然就想到了他。MTV 拍完後，我請他去喝咖啡，深聊過後，我忽然抬頭真正看清楚虎哥，該死，天殺的，是我的菜！我依然記得我在 STARBUCKS 要認他當乾哥哥的當下，我甜滋滋地叫他：「乾哥～～」他竟用一種民族偉人宣誓「復興中華民族」的堅定口氣跟我說：「叫我虎哥！」那一刻，我實在超想對他盡孝道的，陪著他不管做啥都好！

　　他是一個很奇怪的長輩，說真的，我搞不清楚他旗下那些「企業」到底在做什麼，但我知道一定是某種稍微暴力、稍微限制級的行業；而且他有過一段婚姻，女兒八歲，跟娘住，但這與我們互相吸引無關。我跟虎哥是從乾哥乾妹這樣玩上去的，他真的很疼我，像一個哥哥，甚至是父親。

　　虎哥會跟我精神上吟風詠月，那種詩句是念中文系的我一探就知道深厚的，我不得不佩服他的文學底子。等我下班時，他會在車上看《關公傳》、《諸葛亮傳》，還用紅筆畫重點，真是令我嘖嘖稱奇；麥當勞推出史努比全套玩偶時，我只蒐集到兩隻，虎哥馬上幫我排隊買到了全套（或許是他派小弟去排的，但那種感覺，你知道的，就感心哪！）每次要分別時，虎

哥都會塞給我他用毛筆寫的小紙條，酷斃了！拿出來跟姊妹淘炫耀，尾巴都可以翹得半天高。依我看，本世紀除了寫符咒的師父會用毛筆，第二個就是虎哥了！他大概是我見過「最文人」的兄弟了，每當我這樣說，虎哥總是說：「喂，那是對妳，在商場上我都是一翻兩瞪眼的！」

老男人虎哥果然沉得住氣，厲害就厲害在交往了一年多，我們都只進展到二壘。二壘耶！輸給國中生了啦！對我這個征戰數年、需求量算正常的女人而言，不啻是一種侮辱與打擊，不免私底下懷疑起虎哥的性能力……。不過，小妹妹我始終不敢造次。

有一天，我喝了一點酒，便大膽主動地向前一步。

在虎哥的辦公室裡，他把大燈開得啵亮，不動聲色地看著乳溝V到底的鳥來伯發春似地玩著他的落腮鬍。身邊一尊關公讀書的木頭雕像，靜靜坐在一角，關聖帝君大概也知道我想幹啥了吧！

我像宮女準備被皇帝臨幸一樣地緊張，面對如主考官的皇帝，我也開始害怕起來，偷偷不斷地頻頻吸氣縮小腹。這時候，虎哥突然說：「縮小腹是沒有用的！」@!#$%，我不服輸地喊著：「虧我咧，我還怕你年紀大，等會兒兩眼一翻，駕鶴西歸，我可不管你！」正想繼續問他有沒有帶心臟病藥，避免等一下發作可以用時……，轉瞬間，虎哥就像霹靂虎般兇狠地撲上來，肚子上那圈軟趴趴的肉，差點悶絕我！

我不得不說，薑是老的辣呀老的辣，對於老男人而言，要撲倒小女孩是何等容易，虎哥沒有溫柔的前戲，而是像個揮軍

兵臨城下的將軍，讓鳥來伯那種嬌悍的、矜持的自尊，頃刻化為烏有，我打開城門，開心迎接他的進攻！

虎哥不同於其他男人的宣洩情慾，簡直冷靜到一種神人境界，他可以一邊嘿咻一邊靜靜觀察我的反應，然後迅速調整姿勢跟次數，完全不必我提示。虎哥的每一次撞擊，都如同古龍的俠客「虎入狼巢式」的剿殺——不可思議的瀟灑俐落，連要射了都不預告一下，只是很酷的大吼了一聲：「喝！」然後抓緊我的肩膀，青筋暴露，使出吃奶的力氣繼續埋頭抽動，幾乎不讓我感覺到絲毫停頓。年紀大的男人果然不一樣，完全是一種神奇高超的「無感射精」！

最 VIP 的享受是，虎哥準備出來之前，會先細心的用手撫摸我，讓我幾乎沉醉在蜜汁裡，他才神不知鬼不覺地滑出來，讓我不但沒有因「陽具突然被抽走」而掃興，反而愈發澎湃洶湧，這種體貼與那些射了就亂抽一把的小鬼真是差太多了！這個一手嬉戲似地觸摸我的香肩及側腹部的男人，是我之前認識的老男人虎哥嗎？這隻手，是翻《關公傳》、《諸葛亮傳》的那隻吧？是砍人、砸場的江湖虎哥的手吧？我對於自己從未到達的境界抱著不安和恐懼。虎哥只是溫柔地輕語：「別怕，交給我！」讓我在濕淋淋、軟綿綿中，一口氣跨過那障礙！

我終於明白，虎哥為何不用前戲，因為他的「後戲」猛到讓人印堂發亮，他懂得用獨創的技法來滋補鳥來伯，甚至不必劇烈地弄亂床單，一隻手指也能帶領我觸摸到天堂！老兵不死，只是手指逐漸靈活！

鳥來伯就算腦筋短路，也很能明白虎哥這種老男人想再度

感受愛情的震撼與雀躍，而虎哥自己也坦承四十多歲的男人多少都有性的不安，擔心該挺的不挺，所以秉持「有愛堪做直須做，莫待不舉空滴精」的精神。

這種老男人不像其他男孩一樣，死命想讓女人獲得高潮、死命逼迫女人必須偽裝高潮。他們自有一套方法讓我們乖乖就擒，或許不夠久、不夠炫，但當他窮畢生之精、血、骨時，絕對純粹地讓我覺得，我們不是在「逗女兒開心」或「陪老爸盡孝道」般膚淺地滿足需求而已！

如今好多年過去了，虎哥現在的事業也拓展到柬埔寨去了，我每年還是會收到他用毛筆字寫的聖誕卡，上面總不忘寫著「去找一個好人家嫁、趁能生孩子時快點生……」等老爸會說的話。

「如果不是妳叫我虎哥，下次一定讓妳死！」虎哥，你說這句話時玉樹臨風的樣子，乾妹妹我還記得唷！

負心光頭佬

不知道你對光頭佬的看法怎樣？

鳥來伯對男人的髮型有極端偏好。如果短髮，那就得短到只見三分；如果長髮，就得長到過肩飛揚。所以，依照這種極限去推，光頭佬對我而言，算是性愛極品。

就算我不斷地鼓吹男友去剃光頭，他都不願意，畢竟好光頭難尋，可遇不可求，除非頭形完美，打扮也對味，不然頂個光頭，常會讓人聯想到早期的諧星「兩百塊」；太胖的光頭男，則很像摔角殺人魔或是某種病態份子。

有一天，我的長髮男友突然去剃了個大光頭。我一接到電話立刻請假回家，想好好看一下世紀奇觀。

其實，我們那時感情已經走到盡頭了，沒有什麼波瀾起

伏，有一點相幹兩相厭的無力感，是所有情侶到最後都會遇到的瓶頸。撐過去，就會昇華成親人；撐不過去，就只能走向陌路。連性生活都快掛零的我們，有了任何一點小改變，對感情而言都是正面的，至少多了一些新鮮與樂趣。

那晚與剛改變髮型的他做愛時，果然發現有了久違的高潮。我猜，可能是他的形象在一夕之間改變太大，讓我既新鮮又好奇。以往他一頭長髮濕答答地從浴室走出來的性感模樣，現在忽然變成上身光、下身光、頭也光，彷彿是一道光在召喚我，一瞬間我變得比他更濕，迫不及待爬上他那沒擦乾的胸膛上。他好像變成保家衛國的阿兵哥，而我是煙花柳巷的奇女子……光頭，他這種平常少見的模樣，在這種氛圍下，是那樣令人失去抵抗力。

且讓我描述一下長髮男變光頭佬後的做愛感想，可能會有點變態或煽情，但一切都是從他的光頭而來──老夫老妻好不容易有興致做愛，當然得好好提一下！

我先把手指塞進光頭佬的耳縫裡，不像以前一樣，需要先把髮絡撥開。我的食指在他耳朵裡柔柔的摳呀摳的，剩下的指頭則輕輕地抓著他的頭皮，像螞蟻一樣搔弄著。以前他長髮時，我喜歡他的頭髮滑過我的肌膚，而現在，我要他光滑的頭皮來感受我的乳頭、乳暈、小腹、鼠蹊……一路下去。

我把他的光頭看成另一個性器，當他把手指探進桃花源，在落英繽紛間探囊取物時，我緊抱著他的光頭，用我軟軟的乳房在他頭皮上挑逗他，用蜜桃擁抱那些剛長出一點點、短到幾乎看不到、但我卻能用身體感覺到的細髮，我像一塊有溫度的

絨布，輕挑著春天的草地。（天啊，實在夠了，我天殺的文藝靈魂。）

　　然後，我們來到冰箱前，我伸手取出最愛的巧克力醬，抹在他頭皮上，冰涼的感覺讓他馬上緊含著我，鳳在上，龍在下，我在他的光頭頂上恣意狂舔著，他像個 baby 一樣躲在我懷裡吸吮著。我急切地用舌尖撥開他輕微冒出的毛髮，找尋細縫間的頭皮，像找尋果肉般的狂噬著、掠奪著；他把我的臀部抬起探索，我則用腿夾住他的光頭，腳尖踏在他背脊上，讓他的光頭皮在我的鼠蹊部摩擦，舖著細髮的頭皮彷彿牙刷輕輕按摩牙齦一般。

　　那是我們好久都沒有過的美好時光，可是我不知為何，那晚被他擁抱時，感覺好想哭，不知道是感動於高潮迭起，還是一種女人天生的敏感神經作祟，最美麗的東西，往往伴隨著最難忘的遺憾。

　　過了幾天，他果然提出分手，因為愛上了別人。之前我們打過勾勾，他發誓有一天要剃光頭給我笑一笑，所以那天的光頭現身，算是最後的愛情巡禮。我真後悔，那天做愛時沒有狠狠地啃他的頭皮！

　　分手那晚，他在我的住處打包完東西，因累掛而睡著了，我忍不住用奇異筆在他光溜溜的後腦杓上寫下大大的兩個字「幹我！」作為我答謝他為我剃光頭的最後一份禮物！

小布的優勢

鳥來伯我這輩子就栽在男人的毛上。跟很多女生一樣，我著迷於長髮的男生。

說真的，一個男人想把長髮搞出點酷味，還真不是一件容易的事情，除非恁祖公仔有燒香，不然配得起長髮的男人真的太少了。男人還不太能亂留長髮，就像禿子愛分邊，麻子愛塗腮紅一樣，如果沒有一點姿色，想當個「長髮型男」可不是人人都辦得到。

我對長髮男的第一印象，是來自布萊德彼特，他是我心中可以把長髮詮釋得讓女人想脫衣服的男人之一。再來就是一位從二十四歲當完兵後，便一直留著長髮的公務員男友，我叫他小布，以呼應心中的偶像布萊德彼特。

公務員都是哪種髮型？不用我多說大家應該都知道，但小布就硬要在一片西瓜髮油中，標新立異地留一頭長髮。他是廣告科系畢業的，雖然考進公家機關，白天混公文堆裡奮鬥，晚上則接了許多大學同學的廣告公司設計案。他算是菁英份子，不到三十歲就升到局長秘書。

　　公家單位裡，有許多米蟲阿姨最喜歡這種看起來壞壞，又精力充沛的小夥子，相對於一般眉清目秀、頭髮整齊的年輕公務員，將長髮綁起來的小布，輪廓還有點像演連續劇的陳昭榮，難怪那些死歐巴桑常常藉機跑去說要幫他織毛衣，然後幫他量身，手來腳去猛吃他豆腐，還說要介紹女兒給他認識、週末要一起去爬山……

　　但他們都不知道，因為辦影展而必須常跑他們單位的烏來伯，才是他的正牌女友。

　　每次去局裡辦事，我都假裝不認識他，在一旁逕自看著他被那些肥太們戲弄；看他趕時間要交公文時，頭髮亂糟糟的那種隨性與性感；看他用流利的外文，跟駐外人員協調事情；看著他的辦公室裡，雌性動物浮動出的，只有女人才看得清楚的心機。他就是那種外表不羈卻又嚴謹的態度讓人斷魂。幾度，我覺得小布跟那工作環境是格格不入的，很想伸手撫摸小布捲曲的長髮，把他拉去茶水間，瘋狂縱慾一下，讓他能片刻脫離公家機關的枯燥與無趣。

　　不過到了晚上，小布就完全屬於我了。他拋開白天公務人員的呆板模樣，一進門，就把頭髮放下，完全放鬆。我喜歡小布騎騁前進時，飄動的長髮在我上方飛舞的率性，好像是布萊德彼特在跟我做愛！我帶著一種「跟偶像同台飆戲」的殊榮和

他做愛，小布是注定要來統治全世界的！那時候，鳥來伯也留一頭蓬鬆的大捲長髮，每當愛愛到激動處，簡直就是狗咬狗一嘴毛，尤其小布親吻我時，每根毛髮好像沾了春藥，摩挲在我的各處肌膚，令我酥癢難耐；又彷彿是從天而降的千手觀音，拚命往我的蜘蛛網盤絲洞裡鑽去。

有一次，小布快要高潮，一直叫我抓緊他的頭髮，沒想到髮絲剛好輕飄飄地飛進我的鼻孔，我忍不住哈—哈—哈啾一聲，手便用力一扯，讓小布痛到叫得比我更大聲，鼻水比精液先射出來，我的雞皮疙瘩與他的高潮，於是一起出現！

還有一次，我們一回到家就在樓梯間裡搞了起來，跟他白天道貌岸然的公務員形象天差地遠。他脫到只剩一件上衣，坐在我的身上磨蹭，而我，早就慾火焚身到快血崩了。正當他想又帥又快又性格地把衣服從頸上抽出時，長髮突然被拉鍊頭卡住，怎麼拉抽都弄不開，只見一個裸體的蠢男，頭上纏著衣服扭過來扭過去，眼看就要演出「血滴子」的悲劇……

「喂，妳幫我拉一下啦！」他一邊扭，一邊從衣服裡叫我。

我笑著，趕快拉他上樓進門，把燈點亮，繼續未完的髮舞飛揚。

小布調職到瑞士駐外代表處後，我們除了在 MSN 遇到打打招呼外，已經二、三年不見。他讓我對公務員改觀很多，他還是那個清楚知道自己要什麼的公務員，有穩定收入卻不當米蟲，在長髮瀟灑的外表下，有一顆未被權力腐蝕的心靈。回憶中，被他長髮包圍的感覺，總是最美的。

之後，縱使有些男友也留長髮，卻不勤洗，接吻時總被油

滋滋的馬尾掃到，連暫時停止呼吸都來不及。有的男友長得白皙俊美不是他的錯，但把頭髮留長，裝女鬼嚇人就不對了；再不然就是以為「留了長髮」就等於「壞男人」，還蓄著大鬍子，從遠方看過去就是個毛茸茸的山頂洞人，唉，真為「粗獷」這兩個字痛心！

　　「除非恁祖公仔有燒香，不然像你一樣，配得起長髮的男人太少了。」我在 MSN 上，忍不住再對小布說了這句話。

自戀小不點

我很不喜歡跟身材太「小隻」的男人拍拖。

因為我怕自己稍微胖一點，站在他旁邊就像熊一樣雄偉。我始終相信，身高、體重是「比較」得出來的，如果男人夠壯，我在他身邊就會顯得嬌小；如果他是肉餅臉，相形之下，我就是巴掌臉。再加上我是個矮冬瓜，又是那種一多吃，身材就有如吹氣球般地膨脹，如果男友是「大隻佬」，那我在他龐大的身邊，就可以永遠當個 S 號的女人。

但凡事總有意外，尤其上述這種狗屁不通的身材標準，在愛上一個人時，是很容易改變的。

我還真的交往過一個身高不到一六〇公分的小不點男人。他真的很卡哇伊喔，眼睛大大、睫毛長長、頭髮捲捲，簡直比

小亮哥還可愛，又長得一副誠懇的娃娃臉。跟他出去時，大家都以為我們是姐弟；照相時，不管我怎樣躲到他身後，照片一洗出來，我就活生生地比他大了一倍。不過我真的不在乎，因為這位小不點，個兒雖矮，卻始終有頑強的自信與自戀。

他不但騎重型機車，還很愛打籃球。每次他騎重車來接我，都會要求我穿短裙側坐，然後緊摟著他，充分表現電影《夢中人》裡周潤發的那種浪子帥氣。機車後側的龐克黑皮袋裡，常備一把小梳子，路過每一面鏡子或每一扇窗子，他都必須停下來，驕傲地梳理那讓他至少長高三公分的墓碑瀏海。他堅持我一定得去球場看他打籃球，不管有沒有投中，他都要仿效灌籃高手那樣，把臉轉到場邊，給我一個周杰倫式的「屌不屌？」的笑容。

他的自戀情形還不止於此，他甚至會在自己的照片上練習簽名，或用數位相機拍照後，用軟體修得跟明星一樣，然後設成電腦桌面。他的每一個 email 信箱裡都存上大小不同、風格各異的照片，以備不時傳給朋友之需。他的自戀已經掩蓋過身高上的種種缺憾，在鏡子前駐足十分鐘後，會有一種陶醉的感覺。當然他也跟所有男人一樣，還沒上床前，就一直強調自己性慾旺盛到女人都怕。

元宵節時，小不點跑去當新東陽店門口現場搖元宵的工讀生。他曾說，每天最有意義的事情，就是家庭主婦與小孩圍著他，看他表演搖元宵。他那功夫真不是蓋的，那整簍元宵，是要用整個上半身去搖晃給它裹上粉的，我光是去探班看見他扭動公狗腰的粗壯力氣，就興奮不已，一直咬著下唇，久久不能

自己。

　　情況很明顯，那天晚上我們就注定得短兵交鋒了！「矮」不是問題，躺下來其實就解決了。

　　進門後，我才剛把燈關上，小不點就打開燈，跑到鏡子前整理儀容。隨即，他出奇不意地把我從床上托起，立馬就用雙雙站立的姿勢進入，驚得我！他那前進後退、奮力搖動的節奏，像極了他每天搖元宵的基本架勢，簡言之就是「賣便當」姿勢之加強版！也就是說，他站立著，我將腿夾住他的腰，我不必動，他也不必動，只要他拉動手臂把我整個人搖進送出，就可以頂到我的花心，深深地進入我濕熱緊窒的體內了！

　　這姿勢對我們雙方的身高體重而言，你說拼不拼？從鏡子裡遠遠看，很像拿刀切腹自殺的連續動作。小不點搖元宵的臂力可比神鬼戰士，真是讓人死而無憾，死而無憾啊！他還硬是扛起鳥來伯，開飛機、推拉車、高射彈……，完成每一種艱鉅的姿勢，並把揉麵糰的力道，化為彈指神功，配合「口手並用」的做愛技巧，光是用偶像比勝利「YA！」的手勢或是童子軍的三指禮行禮，就讓鳥來伯春去春又回！

　　我感受到小不點拚命以性愛技巧取代身高上的限制，尤其是盡力地專攻「換姿勢」這一項。

　　他不停地更換姿勢，前翻、後滾、旁敲、側入，傾洩出看家絕活，探索人體極限，彷彿怕別人不知道他會降龍十八招似的。不過，這一點如果沒運用好，就會讓我抓狂。有時候，我才稍稍有感覺，眼看就要到高潮了喔，還剩下一點點……哇咧！說時遲，那時快，小不點那短腿就「唰！」地猛一抽身，給我換了姿勢。原本就難以高潮的鳥來伯，頓時從雲端跌落谷

底，捶心肝捶枕頭痛哭，只好重新再蓄積一次。有時，情緒已經升到子宮頸了，我正抱小不點那顆小頭馳騁天際，他一跳姿勢，又讓我回神，Shit！「老娘懷裡抱的這顆頭顱，怎麼那～麼小一粒呢……」

尤其他換到 69 式時，我真的很辛苦。大概是彼此的上、下半身難以配合，所以我根本搆不到他下半身的重點部位，只得拚命壓低著頭，舌頭像吊死鬼一樣不斷往下撈，不過最後仍是原地空轉，感覺走了八千里路雲和月，那一根還在前方無情地騰空。一直張著嘴巴，又吃不到東西，搞得我口乾舌燥，69 式堪稱最無力的一招，僅僅做一次就被我封殺了。

但這些都無損於我對他的愛，雖然他的體格不是我喜歡的那種大隻佬，他個小如 Kinki Kids（近畿小子），尺寸也不是啥「King Size」，但我卻真心佩服小不點做愛很拚的自戀與自信，也很感動於他用心使我滿意的那份熱誠。短小精實，久幹不衰，這種擊鼓撞鐘的練家子力道，證明此人果真是條漢子，現在青年有這種精神的很少了！有時，我真不知道他在熱血什麼，做愛中途還會提醒我：「喂，妳怎麼沒有很 high 的樣子？」

自信的小不點，總是讓人忍不住多看一眼；自戀的小不點，讓人不得不欽佩他的本事。他的自信加上自戀，深深影響了後來的我，以前在性愛上，我一直是個對身材沒啥自信的人，小不點在床上的狂放姿態，告訴我身材不是決定愛情幸福的唯一依據，唯有忘記自己和對方的優缺點，我們才能真正進入合而為一的天堂！

可惜，自戀的人通常是愛自己多一些，被自戀的人愛上之後，他們會想盡辦法取悅你，以作為確認其身價的參考。但是，自戀者如小不點，他的所作所為都是要讓「自己愛自己多一點」，所以除非他能夠死心塌地愛著妳，否則千萬別以為自己能夠馴服這種愛人。

　　即使現實如此殘忍，小不點在鳥來伯心目中，還是永遠的巨人！

▌初戀高個男

跟你一樣，我們都聽過「男人一高遮百醜」這句鬼話。
高，真的好嗎？

鳥來伯的初戀情人一百八十五公分，對我這個一百五十八
公分的矮多瓜來說，算是非常高的了。從一開始接吻，我就踮
腳踮得很辛苦，我想他的腰也彎得很吃力吧；如果我不踩在階
梯上，親完之後，就要相偕去看肩頸損傷科，所以我們之間沒
有那種情侶間一轉頭，嘴唇就能自然而然地在隔壁等著，那種
啪地結合在一起的完美情形。我常得先叫一聲「喂，把頭低下
來。」才能好好地接吻。

這種長頸鹿跟小老鼠的奇觀，並沒有持續很久。後來我們
索性坐下來親親，坐著坐著，就順理成章地撲倒，然後變成躺

著；躺下來之後，咬咬耳朵，說說鹹濕的悄悄話，便開始了第三類接觸，距離也就不再是問題了。

因為是初戀，又是第一次，加上對方又長得高，我們倆的姿勢老是喬不定，這你們光用想的就知道，上下根本無法對齊，七手八腳的，大章魚對小螃蟹，如果角度不對，往往只能看到大片的胸膛在眼前起伏而已，好像自己在掄牆一樣。但我不能否認，被肌肉壓著的感覺的確有種受虐的快感。

幾次之後便發現，跟高個男做愛的好處是，只要他不是瘦皮猴，女生應該都能感受到被籠罩的幸福與安全感。在高壯的男人懷抱裡，只要妳的體重別太誇張，就顯得很嬌小，而且很好操作，甚至可以讓高大的男人產生孌童的變態激情。

但是那時候是學生時代，因為經驗有限，能變換出的體位也有限，除了正規的傳教士或是相擁抱坐的姿勢外，好像就玩不出什麼花樣了……

不過，這位初戀情人，跟後來的人比，老二果真有比較長！我之後遇到一個身高超過一九〇公分的男人，肌肉體格壯碩有力，不僅女人哈，連 gay 都屁股翹高高的等著。跟他未親熱前，我常夢想著他會抱著我，在整間房子跑來跑去「賣便當」；有些朋友則好心提醒我，身高與屌往往成反比，腿越長屌越細，這……這真的還讓我有點惶恐。

雙方開戰後，一試之下，才知道果真如此！

唉，其實也沒這麼誇張，這老兄不是「小鳥仔」，而是「鳥仔腿」──長歸長但不夠粗。無論他怎樣活塞來回，我都沒啥感覺，還機智地做著凱格爾運動，不停收縮陰道希望可以吸得

到，搆得著。不過，我想太多了，他像吸管攪杯子一樣繞來繞去的，別說賣便當，簡直連捲棉花糖都難，我心中不斷 OS：「你在哪裡……？」

正當我失望「陰道不曾緣客掃」時，突然，一九○男翻身，直接捅進後院，深深一頂，天啊！他竟然「一步登天」直達子宮頸！好招！好招！真是個有自知之明的好漢啊。因為他知道無法在緊緊的陰道壁給我快感，所以他索性翻轉位置，從後位快手上籃，越級報告，真讓人驚喜哪！尤其在陰莖抵觸花心時，瞬間擴散了整個花朵的能量，那……那是境外高潮嗎？

我只能說瘦鳥慢飛，皇天保佑，還是到得了終點！男人唷，就是要知道自己的身材特性，高又怎樣，高要會運用嘛，好！馬上替他加分！

不過有時候，如果一九○男忽然站著，要鳥來伯蹲著「用嘴巴來」時，那真的很恐怖，我就好幾次因為這樣差點瞎了。因為他很高，我在底下想要觀察到他臉上有否爽快的反應時，視線得穿過十萬八千里，越過陰毛，越過小腹，越過胸毛，越過脖子，這麼一大段距離，有時還被他壓著頭，我的眼睛就只能狂吊著白眼向上瞄，整場下來，眼球都快翻到後腦杓啦！

所以，遇到高個子，還是得撲倒他，伏到他身上去，讓自己成為他身體的一部分。唯有如此，矮冬瓜女人才可以順利合而為一，讓自己一矮感百爽！

這款夭瘦骨

我是一個很在乎自己身材的女人。因為這樣,我也更加在乎男友的身材。

男人可以瘦,但不能單薄。可惜,畢竟體質是無法改變的,吃不胖沒關係,但可不能薄如紙。鳥來伯交往過一個氣功老師,又高又瘦又乾扁,是活脫脫的「紙片人」。

他是專門教我外婆等一干子老人家氣功的,但他自己卻像個吹氣前的氣球一樣。剛開始外婆介紹我們認識,我還跟老人家一起去紙片人家吃過火鍋。唉,他全家人都是長那樣喔,瘦瘦扁扁乾乾的;他家還瀰漫著一股青草味,全家一年到頭都吃素,感覺很注重養生。我想,外婆大概覺得她孫女我造孽過多,需要這樣一個出世的年輕人來救贖我的靈魂吧……

紙片人身高大約一八○公分，卻不到六○公斤，這種身材，想想還真是恐怖到家。他不斷地希望用誠意打動我，西洋情人節時，還害羞地送了我一件他們氣功協會的運動服，感覺很誠懇。加上我外婆又在一旁敲邊鼓，說什麼：「賣擱以貌取人啦」、「伊是孤子，以後結婚可以自己做主」、「瘦沒要緊，妳就算跟阿諾做夥，合不得嘛是無彩工」、「伊厝後山那一大塊，將來攏是伊的」等等的。重點是，他向我表白時是在冬天，那時穿毛衣，看不出來也抱不出來他到底有多消瘦，所以，我花了好大的力氣說服自己，破例跟他愛一次。

　　我陪紙片人吃素吃了快半年，眼看就要變成植物人了，約會也是都在道場裡吐納靜坐，週末就去喝茶跟打禪，天啊！我才二十幾歲，沒必要搞得這麼神仙吧！而且，氣功老師真的很清心寡欲，認識幾個月，我們都只到接吻而已，這大概是我外婆放心把我交給他的原因！那些電視上，向信女伸出狼爪的假宗師，我看我是遇不到了，恨！而且，這幾個月如此專心密集休養生息，不僅這輩子，連上輩子的業障都消除了吧！

　　時序到了夏天，老師，我們也到了該脫衣服的時候了。

　　那天，在他瀰漫著中藥味道的房間裡，我們祖裡相見。說真的，我嚇到了！我從來不知道，男人可以瘦成這鬼樣，氣功白衫下，肉薄能見骨，兩片肋排像 X 光片一樣清晰明顯，如果沒有看到人頭，正面跟背面其實沒啥差別。看到氣功老師裸著身體，仙風道骨迎面走來，我突然想到 7-11 裡「飢餓三十」的零錢捐獻箱，頓時感到悽楚萬分。

　　雖然，這不是老師的第一次，但他還是挺生疏的，好像有

一點忘記要怎麼做一樣，還得我提示他。他整個人就像靈魂出竅，除了老二，其他部位都是睡著的（喔，腦袋可能在唸大悲咒），如果鳥來伯不自己上，那就不必玩了！

尤其，當我摳著氣功老師紙片般窄瘦的肩頭，胡亂抓著骨頭隆起的背部，試著摟住那比我還纖細的腰肢，還得用力衝刺時，我覺得我超對不起第三世界的苦難同胞的，我一定要這樣逼他嗎？我真的不誇張，他緊閉的雙眼，彷彿我一用力，他就會脫窗、會斷氣一樣，連擁抱都覺得有空隙，骨盆腔碰撞爆痛，下盤對不到的地方都有風灌進來了哩！

雖然氣功老師後來就漸入佳境，性技巧其實還不賴，該做的也沒少做，但就是那種骨頭撞骨頭的感覺讓性愛打了折扣！我實在不好意思在那邊鬼喊：「我還要！再來！More！」也不忍心要求搞些高難度的姿勢。

氣功老師還挺喜歡嘗試一些眼花撩亂的招式，大概是他身體夠柔軟，不怕閃到腰，從小有練過，那種別人眼中百轉千折、九死一生，只有印度神廟裡從小接受訓練的女孩才有辦法做到的動作，氣功老師做來是巧妙柔順。配合他之前教過我的瑜珈招式，以及練功時放的管笙樂曲，骨感力拼美感，我倆的做愛已經邁向神人境界了，我們還笑稱可以出一套「夫妻性愛氣功DVD」，配合情人節，搭配氣功運動服推出。

比較屌的是，辦完事，氣功老師會教我做另一種調息行氣的禪坐，回穩剛廝殺過後的劇烈喘息。心靈感覺超平靜的，完全沒有什麼做愛後動物感傷，「好的男女之事，就像一場好氣功。」老師說，這是一種靈肉結合的運動。我們還會喝上一杯五味紅棗茶補補氣，或是去泡泡青草鴛鴦藥浴，或是邊品茗邊

研究身上有關性器的穴道，你說，我們是不是很像那楊過跟小龍女咧？

　　他對愛情的態度也是如此超然，讓我自在來去，我感受的不是他愛的需要，而是一種對普世的救贖，除了穩當與超凡，年輕的我想不出有什麼優點可以形容這位聖人，或許手中無鳥，心中無奶，才是他胸懷吧！甚至當我愛上別人，慚愧地要跟他分手時，氣功老師還不忘跟我分析「道可道，非常道」在愛情上的解釋。

　　我還年輕，真的，他的層次是我追不上的了，瘦瘦的氣功老師揮揮衣袖，永遠在我心中留下一片雲彩！

Chapter 2

愛的必殺技

▌一日之忌在於晨

　　起床從來就不是件容易的事。不可理喻的夜晚，總會伴隨著不可「禮遇」的早晨。

　　鳥來伯以前很不喜歡跟男人過夜，不管多晚，一定會把男人從床上挖起來叫他送我回家。說好聽一點是矜持、是家教好，其實真正的原因是怕他看到我卸妝後的鬼臉。

　　但是，交往久了，怎樣擋都說不過去吧。終於，我第一次要跟高個男過夜了！

　　激情都還沒開始，我就在緊張了。如果是平常，燈一關就消失在黑暗中，我還不用擔心，但第二天醒來怎辦？除非對方視障，不然他看到我那張「化神奇為腐朽」的鬼臉，一定會想戳瞎自己再戳瞎我吧！？我就這樣整夜焦慮著，無法熟睡。

隔天清晨，平常愛賴床的我，很早就從對方的胳臂中抽開，躡手躡腳地跑到浴室。一看鏡子，哎喲！鬼喔！浮腫的雙眼、憔悴的臉龐、稻草般的頭髮，怵目驚心的樣子，說自己像鬼還侮辱到鬼。我二話不說，趕緊梳洗一番，還刷了牙讓口氣清新，並摳掉卡在眼角的眼屎；更做作的是，我還化了淡妝，活像等一下要上鏡頭一樣，好拼啊。然後把雞窩頭梳整齊，美麗如昔的鳥來伯我才放心鑽回被窩，並且把臉朝向熟睡的他，調整好最撩人的姿勢跟表情，準備迎接對方醒來看見枕邊的下凡仙女。昏暗的燈光下，高個男一睜開眼，果然托起我的臉說：「妳睡醒的樣子好美喔！」

　　我只能說，世上沒有破功的女人，只有鬆懈的女人！清早軟語溫存，美目盼兮，臉色細緻紅潤的女人，只會出現在保養品廣告而已，週日誰不想多睡一點？

　　鳥來伯的真面目是週日一整天不刷牙、不洗臉，只癱在床鋪上發呆等死的，要我持續昨夜出眾的儀表，並深情款款地凝視著對方，這種神功根本撐不了多久啦！起床整裝再回籠的兩、三個早晨之後，人非聖賢，鳥來伯也會累，不消幾個禮拜，我就打回原型了──蓬頭垢面、睡眼惺忪、趿著拖鞋，一副邋裡邋遢，不忍卒睹的形象。

　　有一天起床後，那個說我「睡醒的樣子好美」的高個男，瞪著牙沒刷、臉沒洗的我猛看，他的表情好像在問：「妳是誰？」哇咧，真後悔昨晚沒吸光他的陽罡之氣，他已經看到我的真面目了，不能留他活口了吧！看他似乎嚇到快掉進墳墓裡，我想說要不要帶他去看醫生……

早晨絕非如電影裡的浪漫，男人，糟糕的很多呢！就像長髮小布，也是一個早上起床見光死的男人。

　　我之前一直認為長髮小布是個儀表出眾，品味很高的男人，穿的衣服是只能在×風廣場買到的品牌。尚未過夜前，我常幻想這個男人一早起床會先去沖個澡，然後圍著浴巾，從冰箱裡拿出礦泉水，仰頭咕嚕咕嚕地喝水，男性象徵的喉結一上一下，然後，我們又再度翻湧……。

　　可惜，事實並非如此，真相往往會令人跌倒，落差很大。第一夜睡覺時，我還沒發現，隔天一早，我卻看到小布穿著一條跟抹布一樣破兮兮的內褲，褲頭還有脫落的線頭，鬆垮垮地好像女高校生的大象襪，垂墜在他那精壯的腰間。這……我揉揉眼睛，沒錯耶，是小布啊！他正在準備今天局裡開會的文件，天啊，破內褲加公文，十足的公務人員德性……。

　　男人的內褲髒不稀奇，但是褲邊有鬆線的內褲我就受不了了！鳥來伯雖然自己也常穿快爛掉的舊內衣，不該這樣嚴以律人，寬以待己，但……但畢竟，這是第一次過夜，你至少挑件好內褲以表尊重嘛！

　　小布彷彿聽見我心中的哀嚎，下意識地拉高內褲頭，臉紅起來了，並穿上衣服，回復成玉樹臨風的帥樣。我突然有一種「莊周夢蝶」的錯覺，一瞬間，好難把這個俯身對我吻別的陽光男孩，跟方才那個穿著糟老頭破內褲的男人劃上等號。

　　望著他出門的背影，我有點失望與夢碎，他把日常生活的樣子毫不保留地呈現在我面前，是因為把我當自己人（這樣關係就邁進一小步了）？還是不重視我呢（那這樣就倒退十大步了）？你知道的，女孩子一旦過夜後就會這樣，想東想西，我

也挺討厭自己這樣疑神疑鬼的鳥個性。不過，我最後還是選擇「跟他邁進一大步」的關係。

這種對早晨很在乎的兩難心態，源自於對彼此的沒信心，不相信兩人會因為看見對方的真實面而繼續相愛著。等到交過更多男朋友之後，才知道原來這種「清晨症候群」是因人而異的，真正相愛時，的確是可以超越口水、眼屎、破爛內褲、鬍渣等清晨業障的！

我想起跟虎哥在一起的那段時間……

虎哥是那種極度不修邊幅的男人，我到現在還很疑惑，有潔癖的我當初為何會跟他在一起？他崇尚自在，從不怕在我面前表現最原始的樣子。他不像別的男人，為了邀女人到家裡過夜，就事先整理房間、毛巾牙刷都換新的、把床單換成女生會喜歡的顏色、穿上比較乾淨的內衣褲……，這些刻意的行為，虎哥完全不做，他就是恣意地做他自己，襪子脫下來丟到鞋邊，毫不害羞地挺著肚腩走來走去，桌上的香港腳藥膏也沒收起來，而且，浴室裡沒有沐浴乳，只有肥皂。

跟虎哥相愛後的第一個早晨，他就用充滿魅力的鬍渣輕觸我的臉頰，草長鶯飛地叫我起床；以往的男人用這種打招呼方式叫床，我都很生氣，但是，因為他是虎哥，所以我竟然驚喜不已（我真是個沒什麼原則的笨蛋）！虎哥叫我跟他去浴室，我咿咿呀呀地說我還好想睡覺呢，虎哥不管我，叫我在他臉上抹泡沫，然後將我往他腿上一抱，要我正面坐在他大腿上幫他刮鬍子。

穿著薄睡衣的我，拿起刮鬍刀，手起刀落，都還沒碰到他

呢，就被底下那一早勃發的東西七拐八彎地仙人指路，我當然也就跟著不安分地亂頂回去。「喂，別亂動，我只是叫妳幫我刮嘴鬚……」虎哥不怕我沒刷牙沒洗臉，他只怕我胡亂振動會刮傷了他。你知道，一個了不起的大哥，臉上竟出現無名的刀疤，是很難跟底下小弟交代的。

但我才不管他，我就愛看他渾身血脈加速流動，卻只能忍住呻吟的鳥樣，如果他頂到紅心，鳥來伯一爽之下亂揮刀割傷他，那也是他自找的。一大早就手操剃刀，那感覺真像是一代女皇！只是，還刮不到二分之一，半張鬍子臉的虎哥竟然趁勢把我的底褲剃開，在我半夢半醒間咻地滑進桃源洞，「唉唷！我受不了啦……」我只好棄刀投降了。在這個只有毛巾、牙刷、肥皂的簡陋浴室裡，真是度過一個「早起的鳥兒有蟲吃」的早晨。

上床容易下床難，身為一個女人，不管經歷多少次「相愛後的第一個早晨」，對於初次見面請多指教的男人，我總特別在乎第二天他睜開眼睛的反應。但是說也奇怪，像虎哥越是這樣旁若無人、把我當成自家老婆、不把我睡醒的醜樣放在心上的男人，我就會特別忽略他的外在缺點。

我曾經對虎哥說過我的過夜焦慮症，他只是摸摸我的頭說：「那是因為妳年紀還小，也只能擔心這個。」這句我當時認為的屁話，直到好久以後我才明瞭，感情中除了早上起床的好形象之外，還有更多值得追尋的東西。

當女人敢在對方面前毫不掩飾時，自然就會更充滿慾望地

醒來，放手一搏大吹起床號。所以，我許多極棒的高潮都是來自早晨與虎哥的性愛，就算當不了天仙，老娘還是照樣可以飛天呢！

▌人非聖賢，誰無隱疾？

　　鳥來伯對有隱疾的男人特別有好感，因為我相信，從「隱疾」變「癮級」，只是一線之隔！

　　人非聖賢，孰能無臭。「金城臭男」英俊瀟灑、堂堂儀表，可惜天妒英才，什麼都好的他，卻有嚴重的體味。

　　前面說他有體臭，其實他還有口臭。靠近一點說話就可以聞到，如果他不幸蛀牙，空氣污染指數就會破錶。聽到這些口臭傳言，連猛女也害怕，所以在與他燕好之前，我們都沒有接吻過。他好像也感覺到我的為難，所以從沒強迫過我。

　　就在一次網路上打嘴炮後，我豁出去了。「是妳說的喔！」金城臭男興奮地馬上下線了。唉，水壩開閘了，總得 call 人來堵；只是，金城臭男是人，不像金城武是神，而且又有體臭，

所以我的忐忑大過於期待。

　　就在這種不知道等一下「是做愛還是強暴」的矛盾心態下，門鈴聲響了。

　　一開門，哈哈哈，金城臭男好天才，他竟然戴著跟日本忍者一樣的帽子和黑口罩出現在我家門口，只見他露出兩隻又黑又亮又圓又大的眼睛，活脫脫是《星際大戰》的黑武士造型，絕地竟如此逢生，第一步就成功地阻隔了口臭！加上他長得其實不賴，骨感冷峻的半張臉，散發著充滿愛慾的光輝，噢！除了就這樣把「門」打開，脫到僅剩一條小褲褲之外，我不知道我還需要做啥？而且，這是我生平第一次做愛時，男人身上穿得比我多耶！

　　戴口罩掩臭的他，汗水直直落且呼吸急促，在親吻中，我感覺到大口大口的氣息從口罩布料透出來，我想那片口罩大概處於半濕狀態吧！當時正是端午節前後，讓他包得像公娼實在好殘忍，但我又沒把握，萬一我們口對口，我會不會就真的需要人工呼吸了呢？

　　當我這樣想時，他的嘴隔著口罩來回磨蹭著我那翹得老高的兩條雪白大腿，趁我不注意，他說了一句：「好熱喔！」我的心臟猛然一跳，他唰地一下把口罩扯下來；那一秒鐘我嚇到了，該死！老娘要趕快深呼吸閉氣了。但是，他接下來的動作竟然是用口罩反面迅速摀住我的口，也就是說，金城臭男的口腔大膽地完全暴露在空氣中，而我也安全地被阻隔在口臭大氣層外。

　　天啊！好聰明、好靈巧的男人！他戲劇性的動作讓我尖叫，面對這所謂的神來之罩，我幾乎驚叫了出來。

沒戴口罩的他，這才開始發揮絕技。他雙龍吐珠探進了鳥來伯密密的叢林，天生我材必有用，上帝給了他鹹魚口氣卻不忘賜給他一身好本領，「我……我是不是死了！？」我在口罩下激動的大吼著，一陣抖縮後差點暈死在客廳。

　　口罩和口臭，這之間的愛恨情仇，真的好複雜。

　　人非聖賢，孰能無屁。那個很自戀的「小不點」，其實是個愛放屁又愛面子的獅子座男人。

　　別看他長得小小一隻，屁聲可是響亮的像三、四個人同時放的一樣。唯一值得安慰的是，小不點的屁不臭，只是叭啦叭啦地響徹雲霄，世紀宏亮。因為他是獅子座的，把面子看得比生命還重，若是不小心發出快沖上天的屁聲，也會適時利用環境音蓋過，例如把電視聲音調大，或是突然乾咳個幾聲，我就愛他這種深明大義的態度。

　　剛開始戀愛時，他會在接吻時，故意用很誇張的「啵！啵！」聲來掩飾屁聲；看電影時，他會用塑膠袋摩擦的聲音蓋過；聊天時，如果他的音量越來越大，那就是正在放屁了，其實是很好觀察的。最重要的是，愛愛時他會很有技巧地不斷更換姿勢，有時把肛門偷偷頂住床單，只為了放一個不聲不響的屁；有時還把我的屁股拍打得啪啪響來掩飾。有一次他放了一個響屁，嚇得我以為床腳斷了，恍然從高潮中醒來，他也亂尷尬的，好幾天都不好意思碰我。

　　話雖如此，但我每次發現小不點努力移位製造音效，就會非常感動，也會叫得特別賣力。有好幾次他一發射，激動到響屁也跟著噴出來，他還機警地「啊！啊！啊！」吼叫一下想趁

機掩蓋過去呢！

雖然跟他已分手多年，我一直想告訴小不點的是：做愛真的可以隨性一點，大哥！我只在乎戀愛中你對我說的話、做的事是不是在放屁（放屁在此為形容詞），你愛我就好，我管你怎樣放屁（放屁在此為動詞）！

人非聖賢，孰能無痔。陽氣外發，積熱湧動，男人常一舉得痔，情況糟時還會紅腫突出，一用力就疼痛難忍。

但是，本人對於痔瘡有無限的好奇，或許是看了很多情色小說的影響，加上女性朋友常繪聲繪色地討論如何用「一陽指」，我有一段時間對男人的菊花很感興趣——我想，在這方面，很多男人應該是處男吧，實在很想替他們開苞！

有一次，眼看「不舉男」又「萎縮」了，這已經是當月的第四次了，我忍無可忍，實在不甘心就這樣穿上衣服，只好不要臉地對他提出「一陽指」的要求，但立刻遭拒。他的理由是「有痔瘡，會痛！」我的媽呀，前屌後洞都有問題，給你一指不如給你一屎，老兄，我真的勸你別出來混了，人總得要有「一好」吧！

哎，我那天最後還是把衣服穿上，嗚咽啦，悲情啦，有錢難買春頭瀉，不舉加上痔瘡，性生活注定得停擺，無性真是害人致死、要人老命。

後來聽說不舉男偷偷去看醫生，這反倒讓我高昂起來了，醫生可是我的另一個幻想呢！我滿腦子的畫面都是：在醫生面前，我的不舉男脫掉小褲褲，讓醫生湊近仔細觀察，映入醫生眼簾的，應該不只是痔瘡，還有他渾圓的屁股和其他部位吧！

想到這我就有些牙癢，抓著他猛問：「醫生怎樣給你看病的？」、「有沒有摸你那裡？」、「給醫生看那裡是什麼感覺？」不舉男一開始被我問得有些不好意思，兩、三次後也就習慣了，還故意說些有的沒的讓我流口水：「醫生有時候會碰到我前面，搞得我也想要，我的手指就在他身上滑……」哼，說這種亂七八糟的他最會。

「是這樣嗎？」我一面做出手勢愛撫他，一邊白目地問，「是這樣嗎？」我又換一種手法。不能做愛，我只好追問他以求滿足！你說慘不慘，我已經要靠創意跟回憶來做愛了，人生大概快走到末期了。

男人即使不能改變自己的生理構造，但只要有心去補救，誠意仍是惟天可表，足以讓女人感激涕零並且狂愛上「隱」，可謂知疾能「愛」，「讚」莫大焉。因為，女人都有母性，坦白表露自己的隱疾，反而會讓女人心疼；女人就是這一點好騙，甚至還會更容忍你的其他缺點。「天下只有妳知道我有這種毛病」這……這句話肯定讓女人銘感五內，認為自己是男人生命中無可取代的真愛！

寡人有隱疾嗎？來吧，請勇敢浮出水面吧！傻女人、笨女人、蠢女人……只要是女人，愛到了你，就不會在乎隱疾，我說真的。

▌小賓館大情人

鳥來伯十五歲就進過賓館，而且是我娘帶我去開的。

大家不要誤會，那時是因爲高中聯考中午休息，陪考的娘就把我帶去開賓館。當時賓館給我的第一印象眞是好，可以吹冷氣，看超大螢幕的廣角電視，還有沖力十足的蓮蓬頭跟馬桶，累了就躺在乾淨的大床上休息。但是，讓我印象更深刻的是，隔壁傳來的喘息聲一直讓我無法專心溫習待考的科目，我雖然盯著考前猜題講義，耳朵卻豎得跟老鼠一樣高。不解人事的鳥來伯，還沒考上前三志願就先立下志願：長大後還要舊地重遊一下。

初戀時，第一次跟高個男去的是「休息350元起」那種超便宜的小賓館，那是一間位在車站旁的國民旅社。我必須聲

明，那家很乾淨，並非有情色交易的那種，而去的人多半是觀光客或學生，這些我們早在 BBS 上調查很久了。

　　第一次進賓館，還挺害羞的。我那時候好沒膽，感覺像是來做壞事，便顯得鬼鬼祟祟。我跟高個男還學藝人帶墨鏡，一前一後進去 check in。高個男回答櫃檯問題時又吞吞吐吐：「啥……要押身分證喔？」結果整個櫃檯的歐巴桑都抬起頭來看，他只好強作鎮定；我則始終擺出「我不認識他」的表情，一直到電梯門關上，那些死歐巴桑的視線都沒有離開過我們。怎樣，沒看過「在室」的喔？我可以想像她們在背後指指點點的樣子。

　　進房間後，我們東摸摸西摸摸。檢查一下浴室跟窗戶，先找找房間內有沒有偷拍器材，再偷瞄窗外其他房間有沒有人影。這家賓館的風格有點像「家庭式理髮院」，棉被、窗簾的花色俗艷復古，連打火機都是某某競選總部的贈品，門邊擺放著兩雙看起來穿過好幾年的深綠色拖鞋，浴室還有塑膠臉盆和水瓢，水槽旁則放了兩包「耐斯洗髮粉」，是粉喔，不是乳喔！屌吧？另外，還有讓人懷念的彎彎香皂小片裝，這一定要拿回去作紀念的啊！最經典的是熱水瓶，不是那種用壓的，而是早期開口得旋轉才能打開的保溫瓶，現在大概只有在電影《戰地情人》的醫療棚裡才看得到吧！

　　我們參觀到時間已經去了一大半，高個男才想到：「我們是來愛愛的耶！」那還浪費什麼時間？我們整場趕進度，就怕時間超過要加錢不划算，這種貪小便宜的心態真像去吃「吃到飽」。唉，沒辦法，年輕就是這樣，零用錢又不多，當年隨便拿個六、七百元開房間都覺得好奢侈，一心只想要做回本，把上

賓館是爲了享受情趣的意義都忘光了。青春啊青春，眞是無可往返的狂飆歲月啊！

出來後，我們只得到一個結論：如果你是希望討個安靜、避開室友來過春宵一夜的，那你得要有心理準備，可千萬別期待隔音設備會有多好，賓館這種地方就跟夜市一樣，越晚越熱鬧啊。有帶著愛哭到死的嬰兒來投宿的家庭、有不斷亂玩房間分機打來問候「你媽可好」，並且在走廊上嬉鬧的畢業旅行小學生，當然，絕對有熟悉的叫床喘息聲。「既然外面這麼吵，要叫來啊！」在房裡的我們不堪吵雜，也忍不住叫了起來，有一點跟門外互拼高下的狠勁；到了「關鍵時刻」，還得等到門外有人經過再表演，眞是難爲了我這種一線女星！

在市區之外，選擇星級 MOTEL 的機會微乎其微，所以，比較土的旅館就很容易讓我印象深刻。但有些明明是賓館，卻很有自信，一整條街都取名「××大飯店」，而且有些是家庭式經營，實在讓人捧腹，櫃臺還放著老闆全家人在客房裡合影的照片，提供房客住房前參考。而老闆的兒子或女兒偶爾會幫忙顧店，幫忙 check in 或送毛巾等等，若不是以「做愛」的角度來看，則有民宿的親切感。坦白說，這種賓館雖然 local，但卻樸實。

記得有一次，我跟「砂石車小開」駕著砂石車去開房間，賓館老闆很熱心地跑出來，引導我們開進停車場，在砂石車後幫忙看車子停得正不正。也許對老闆而言，很少人會開砂石車去 MOTEL 吧。看到小開的身分證後，他開心地發現他們同鄉，便親切地帶我們上樓；這個老闆好像房屋仲介帶人看房子

一樣，一間一間驕傲的解說房間設備，讓來做愛的我們，感到受寵若驚。

老闆推開門，邊說邊打開電視：「你看，這電視，平面的四十二吋，你整條街找看看，沒別家用這麼大台！」哇靠，電視一打開就是 A 片台，真讓我們難為情，老闆還氣定神閒地按著床邊的遙控器調大小聲，好像剛剛播的是東森幼幼台一樣稀鬆平常。

「這冰箱，飲料隨便乎恁喝，有冬瓜茶跟果汁，喝不夠打電話去櫃臺，我叫阮某拿來乎恁，保險套嘛同款，出外人免省啦……」老闆真是熱情，連保險套都無限量供應嗎？這……這咁好意思？

「來，這不輸恁台北的眠床，是進口的席夢蘇，阮孫回來南部玩，很喜歡在上面跳來跳去，我不會毋甘啦……」不管老闆是瞎掰還是唬爛，這樣的精神，誰敢懷疑？老闆繼續導覽……

「這台……」老闆指著床邊一台奇形怪狀的椅子，聲調變得好高亢，「是八爪椅啦，十段變速，日本進口的，現在台北很多，鄉下這裡我第一個買。」老闆正經八百的說：「用過的人客都說效果很讚，以後每間房都會放一台。」說著他便坐上去，擺出姿勢示範使用方法，好像「貴夫人果菜調理機」那位親身示範的經理。

總之，為了不辜負老闆的熱情，我們拚了命用保險套又拚了命喝冬瓜茶。第二天退房前，還很認真地摺好棉被，把房間稍微整理乾淨一點，連廢棄物都拿出去丟。難得老闆一片真心，我們也不要把場面弄得太難看。Check out 之後，老闆跑出來遞給我們一張名片，說以後團體旅遊也可以找他，這種人性

化的企業主，真是值得 ISO 國際品保認證。

現在六星級的 MOTEL 陸續問世，大家莫不一窩蜂去嘗新，而鳥來伯也是一個喜歡玩 MOTEL 的人，但我仍獨鍾初戀時那種「350 元起」的原味賓館，雖然俗氣，但乾淨就好，我喜歡在床單上聞著濃烈的消毒水味道撫今追昔。這種俗擱有力的賓館，在我的記憶中是個非常獨特的老地方，比三四五六星級的 MOTEL 更能激發我的情慾與幻想，讓我很容易產生莫名的罪惡感和墮落的快感，卻又親切地說不出來。

從陪考到陪睡，已經過了十多年，我很想再回到車站旁那家「350 元起」的小賓館。不做愛，躺著看電視就很快樂。

淫娃也「有種」!

避孕這種事,我天天都在想。

在漫長的有性歲月裡,女人避孕的時間可能長達三、四十年之久,每到做愛時,避孕問題必定會浮出水面。

從鳥來伯決定要與男人做愛那一刻開始,「避孕」就開始在大腦某個角落時隱時現。我們最常使用的避孕法就是戴套子,不過,據我的經驗,保險套如果不事先準備好,等到正在進進出出時,真的很難開口要求男人暫停。

這種情形,我跟「山在虛無飄渺間」的氣功老師做愛時常常發生。和他做愛,原本就已經讓我原神出竅上天了,還會突然忘記自己在幹啥。尤其有時他愛唸一堆術語,指導我「左腳內虛外實,重心在右腳。左腿自然伸直,右腿彎曲……」,在這

種不知道是哪來的鳥咒語的呼喚下，要入戲都來不及了，哪會想到要帶套？

有好幾次，我跟氣功老師靜坐吐納完之後，好不容易才開始沸騰起來，眼看就要衝破攻防線了，全身軟酥酥的當兒，「不行！」鳥來伯緊閉的雙眼突然「將！」地睜開，像極了剛斷氣又突然回魂的死人；我拚命扭動著臀部想擺脫，像鬼上身一樣，對氣功老師喊著：「你幹什麼？你還沒帶套！」氣功老師嚇得從我身上彈開，像交配到一半硬被拉開的公狗，惶然不知所措，不一會兒就垂頭喪氣不行了。就算他可以頂著晃來晃去的小弟弟在房間內翻箱倒櫃找保險套，折騰個半天，我的慾望可能也已經去了一大半，調勻呼吸後，能不能「再續前緣」，實在很難保證。

更慘的是，如果連套子都找不到，氣功老師還得披上他那件印著「氣功協會」的練習衫，慌張丟臉地跑去便利商店買，這一轉眼大概也要花個五到十分鐘，對一個做愛中的人來說，這段中斷性交的時間未免過長，等我望穿秋水捱到那時，想做愛的情緒恐怕已油燈枯盡，雙腿呈蛙式僵硬，只想收拾一下穿好衣服，準備乘黃鶴遠去，有緣下回再相見了……

有時候，鳥來伯心情好，還可以等到他揣著保險套狂奔回來再戰，但是一看到他氣喘吁吁回來把至尊鞋一踹，笨手笨腳地撕不開膠膜，還用牙齒去咬開的猴兒樣，不知為何我又厭煩了起來，心想：避孕避到這麼掃興，人家不幹了！不幹了！於是，換我狂奔出去！

後來我學乖了，在還沒被搞到不成人形之前，就會早早預告對方：「要買飲料嗎？」（通常做愛前買飲料，就會順手買保

險套），如果男人膽敢把這句話當耳邊風不吭一聲，也不事先檢查房間裡有沒有套子，一副「又不一定會中」的死樣子，只顧著扒光我的衣服，那就請別怪我狠心，長得再帥我也會把他踹下床。

像那個死沒良心、背著我劈腿的「光頭佬」，在跟我提分手前的最後一次做愛時，一聽到「危險期」，就馬上在我面前像數日曆一樣，也不抽出來，就停在那邊，從我月經來那天開始計算……，你嘛幫幫忙，等老兄你算出來，精子也游上岸了，問題不在於日子算得準不準，而是拜託你趕快給我下來，套上保險套吧！沒想到他還要賴說：「那我射在妳嘴巴裡！」這種也不行，強拔的感覺我不喜歡，而且還容易漏網，腦子裡只顧著自己，你乾脆去打手槍好了，滾！

在嬌喘連連的當兒，還能顧慮著避孕與否，實在是件不容易的事；更多時候，人不是這麼理智的，不然也不會有我們的誕生！而且有時真是兩難，對於保險套，我還停留在「男生管的」觀念裡，應該讓男生去「走闖」，去打理，女生如果主動開口，好像會給男人一種「熟門熟路」的輕浮印象，但是不說又不行，還真煩！套句周星馳的話：「難道我學過如來神掌還要告訴你嗎？」

但是性慾高漲時，女人是比男人還禽獸的，尤其對手若是自己深「哈」的男人，肉慾橫流時，什麼都敢做！

有一回，我終於如願和心目中排行榜第一名的男人——「虎哥」做愛了，雖然事前早已布好局，但事發突然，別說準備好的黑色網襪來不及換，就連保險套也好像不認識一樣，這真

是冒著「生命」危險呀寶貝。我們大和解般地自動打開閘門，一時間，管他是山洪爆發還是核彈爆炸，你知道的，慾望的大堤一旦決口，猶如洪水猛獸不可控制。

「要戴嗎……？」我迷迷糊糊地問虎哥，「來就射了吧，廢話少說。中了就養吧，我養得起……」虎哥用力頂了一下，抓住我的肩頭，繼續衝撞著。

你知道嗎，避孕恐怖的常常就是這一點，女人一但不怕懷孕，男人更不會管，而老天更加不管，三不管情形下，我們的交纏只會越來越激動，越來越放蕩，隨即開始大聲呻吟。終於，在我筋疲力盡的時候，虎哥衝冠一射為紅顏！

「什麼！我射……射進去了？」虎哥拿起衛生紙邊擦邊問我。「是啊，不然是蒸發了嗎？」我心滿意足穿上褲子，做都做了，我也沒拿刀子架在你腿上。這是完事後我們恢復理智的第一段對話。後來，虎哥還緊張兮兮地打電話叫小弟到藥房買驗孕棒，硬要我驗給他看才安心。

現在回想起來，我實在佩服自己當時的做愛衝動，那是從未有過的瘋狂。女人避起孕來很龜毛，但要是連孕都不避了，那才是男人要心驚肉跳的！

女人為了愛，可以連命都不要地用力歡愛，甚至把「避孕」這檔事遠遠拋在腦後，只為體會那體液融合的感動，這樣心甘情願的冒險犯難，才是真有種！

不問藍綠，只搞黑白

　　我要說一個菜市場阿姐力爭上游，從台灣菜市場漂洋過海到國外去力拼黑人的故事。

　　我從國中就認識這位賣早餐的阿姐了，她每天總是濃妝豔抹地，在早餐店裡一邊煎蛋、煎火腿，一邊扯開嗓門招呼客人，雖然徐娘半老，但是風情依舊，算是市場裡的「老兵殺手」。

　　聽說十多年前，阿姐的老公在外面養了個年輕貌美的混血小狐狸，還在家附近租了房子金屋藏嬌。阿姐一氣之下，操起鍋碗瓢盆殺去狐窟，「老娘不說話，你當我死人啊！」還蛋洗狐窟，用自己的雙手趕跑了姦夫淫婦。從那時候，阿姐便發奮圖強，用積蓄頂下市場內的一個店面，加盟早餐店。並且開始

打扮自己，還去做臉、紋眼線、割雙眼皮，在開店前認真的妝點造型，「偶每天喔，都會提早半小時起來塗睫毛膏說！」阿姐說。

阿姐頓時從青蚵仔嫂蛻變成獨立自主的新時代女性，不管老芋仔或老番薯，都喜歡找她聊天，可是呢，卻從不會遭來女性同胞的吃味，大家都喜歡她大辣辣的風格和口沒遮攔的聊天內容。

記得我高中時每次月經來，阿姐都會多給我一杯溫奶茶，「月來喝奶補奶，以後胸部形狀才會水。」大學時，從南部放假回台北，我一定會起個大早，去吃她的招牌蛋餅；那時阿姐知道我交了男友，竟然一邊烤吐司，一邊很熱心地問：「阿妹啊，你們做了沒？做了沒？」搞得我在其他買早餐的人面前，怪不好意思的。「女人喔，破身給自己呷意的男人，是沒關係的啦！自己有意愛就好啊！」她輕鬆地說著，頭也不抬，轉瞬間又煎好一份火腿蛋。

阿姐真的讓我佩服的是，她讓我見證到只要有性愛滋潤，女人到了四、五十歲還能像一朵花。

大概是她覺得我很投緣，又是每天吃她早餐長大的吧，等到我夠成熟時，她常跟我分享她出國去玩，與黑人的性愛實錄，每次都聽得我心跳加速，黑人耶，出國去玩玩就算了喔，但是，對象是黑人耶！

人家出國前，要準備現金和旅行用品，她老姐則是準備各式保險套與性感內衣，活脫脫像要去作秀一樣地大陣杖。一切只因那年她捉姦後，便立志在安全的前提下，玩遍五大洲男

人。操台灣國語的她，憑藉著世界共通的身體語言，還有幾句必要時一定得蹦出來的破英文，還真的讓不少男人成為她的閨中物。

有一次，阿姐在美國賭城玩老虎機時，一名叫做強納生的黑人跑來搭訕。原本賭性堅強的她，抬頭看見他那乘風破浪的身形，當下不愛江山愛黑人，馬上丟下代幣就上樓了。

噯，人家黑人可不是我們想像中的粗野喔，人家很有耐性地，還會先哄阿姐一起洗澡，阿姐說跟黑人共浴是種奇妙的感覺，當他把她抱起放入浴池內，以肥厚的唇熱切地擁吻時，「好像被兩條熱狗夾住嘴巴……」阿姐說，「當他全身肥皂泡泡環抱著妳的時候，好像被阿華田那種，有沒有？泡出來的那種巧克力牛奶溫柔地包裹著。」

他們真的是很黑，阿姐還特別看了那話兒一下，唷～火紅地啵亮，又黑又紅！「阿妹啊，它就像通化夜市那種，上面有加佐料、烤得油亮油亮的紅花大香腸！這輩子還沒見過這麼秀色可餐的小弟弟啦……」她說，以前痛恨口交的阿姐，竟然主動俯下身去打個招呼，搞得黑哥吱吱亂叫。

真正好玩的，是他們準備荒淫一夜時，「阿妹啊，妳知道嗎？黑人實在太黑了，偶完全看不到他在哪裡，連影子都是黑的。」不過，看不到人沒關係，阿姐找出了螢光保險套。啊哈！驀然回首，此屌正在螢光闌珊處等她，熇亮熇亮地像根大螢光棒一樣，在那邊晃呀晃地，招搖著她飛蛾撲火！

「Honey, may I……」螢光棒開口了！

「奏你來！奏你來！」她尖叫著。

螢光棒從天空飛起，降落到她身上，交纏不分的他們，就像四腳蛇一般，拼命地纏著對方。據她自己比喻：「好像煎蛋黏住煎鍋一樣啦⋯⋯」她緊緊咬住強納生不放。

　　「夭壽！這款夭壽死囝仔，夭壽！救人喔⋯⋯」人一開心，哪還顧得了講英文，強納生雖然聽不懂阿姐在說啥，但看她的表情跟動作應該是 OK 的。事後聽說強納生當時其實尿很急，但看阿姐這麼堅持，拼著膀胱爆掉的危險也要繼續衝刺！

　　「著猴！猴囝仔啊！謀搞謀搞謀搞（不夠不夠不夠）⋯⋯」同是天涯淪落人，說台語也可以通，人稱「市場女蛟龍」的阿姐拍打著強納生結實黝亮的屁股，而強納生好像聽得懂台語似的，把她拉起來，翻過身去，上窮碧落下黃泉。

　　阿姐也是有來頭的，她馬上爬到強納生身上，「乎伊死！乎伊死！」地亂闖亂撞，英勇氣勢有如花木蘭，不知最後是強納生嚇到噴精還是修成正果，總之，他終究不敵 MIT（Made In Taiwan）的厲害！

　　阿姐說，如果強納生不脫衣服，「只看到一個會說話，但卻懸空的帽子、衣服跟鞋子。」走近一看才發現那兒站著一個黑人。所以，當他們全裸上陣，比矇上眼睛挑逗還好玩，好像她在明處，他在暗處一樣地刺激。

　　阿姐最喜歡滿屋子跑，local 地叫著：「強納生！強納生！」注意，她不是叫「Jonathan」，而是「強‧納‧生」喔！她找得手舞足蹈，亂開心一把的，最後強納生的臉靠近到她兩股間，阿姐就誇張地摔了個狗吃屎，咻地一聲兩腿迅速緊緊把強納生的頭夾住！當強納生的熱狗唇頂住阿姐的陰唇時，是她一輩子都沒有過的感覺，「像兩個女人，用陰部做愛⋯⋯」阿姐很認

真比喻著。

　　故事說到這，早餐店又進來一個找阿姐哈拉的歐吉桑。

　　這些都是我跟阿姐混比較熟後，她才慢慢讓我知道的故事。在她眼中，唯有黑人才有獸性，又有不容分說的氣質。身處市場陋巷，阿姐卻有不凡的品味，「藍綠攏去死啦！」阿姐教我們只搞黑白！

　　「阿妹啊，在哪裡跌倒就在哪裡站起來！」

　　我不得不佩服，阿姐真是個在自家場子裡「左右逢精」；到了國外，又比聯合國親善大使還吃香的奇女子呀……

▋苦海女神農

　　每個人都有一些性愛獨家見解，別人說的不一定準，就像「神農嘗百草」一樣，親身試過才算數。

　　記得高中時，盛傳一種檢驗處女的方式，就是用手指按壓鼻頭，如果鼻頭軟骨有分成兩瓣的感覺，就是有過性經驗。那陣子一到下課時間，大家就聚在一起玩壓鼻頭，壓得紅通通的，壓完自己壓同學，壓完老師回家壓爸媽，硬是要搞得每個人都變成豬鼻子才高興就對了。有些單純的女生壓完後，發現竟然分邊了，慌慌張張地發現自己「突然」不是處女；有些「早秋」的女生，壓了卻沒分成兩瓣，於是懷疑那天男友到底進去了沒？

　　我以前還聽說，如果性行為太頻繁，女人從大腿到屁股都

是開開的，走路就像不新鮮的死豬肉。於是，鳥來伯常檢視自己走路的姿勢，深怕縱慾過度，越走越外八字；也曾聽說如果女生尿尿太大聲如水壩洩洪，二話不說一定就是淫蕩女，害我有一陣子出外如廁變得很矜持，去男友家上廁所也很低調，一蓋採取「滴漏式」尿法，把一泡尿間間斷斷地滴、滴、滴完，滴到膀胱括約肌都快麻痺了。

鳥來伯到大學畢業時，陰毛還是跟小女生一樣稀疏，當時我一直很羨慕別的女人做愛時，陰毛可以讓男人一把一把地觸摸，一束一束地憐愛，我好想體會那種滿嘴毛髮的性興奮，所以曾經認真地抄下「史雲遜專業健髮」的電話，希望有一天他們能幫我做「陰毛重建手術」；或是天天勤用「落健」和「不老林」等頭髮生長液，希望將白虎變黑虎，但無奈還是童山濯濯，光禿禿地。有一次做愛前，我很天才地用眼線筆把陰部畫黑，但又嫌不夠立體，還拿芭比娃娃的假髮沾膠水來黏，反正不開燈誰也不知道。比較可恥的是，我有一次塗抹生薑忘記洗掉，害得當時的男友長髮小布親吻到下體時，不僅頭髮沾到薑汁，還哇哇大叫說他眼睛快辣瞎了！

除了陰毛，我也深信美麗的女人都有兩朵粉紅色乳暈。可怕的是，聽說性生活不知節制時，乳暈就會變黑變大如同巧克力球。連電視台的命理老師，也信誓旦旦說乳暈會影響運勢，迷信的鳥來伯一聽到，馬上拉起衣服檢查自己的乳頭，哎喲！果然乳房長了黑眼圈，難怪總是招財不利；我二話不說，立即上網購買一款號稱只要天天塗抹，就可以擁有紅潤小乳頭的乳

暈漂白霜，而且連陰唇、腹股溝、疤痕……等任何有黑色素沉澱的地方，皆可使用。

唉，還真不便宜喔，小小一支就快一千元，真的很奢華！我只好一小滴一小滴塗，過不了一會，我就感到自己變成 pink girl 了，顏色有如櫻桃般亮麗可人耶！神奇到我當下打電話通知當時的男友不舉男來做愛，看看會不會對他有幫助。但是說也奇怪，被他一摸、一舔、一玩之後，乳暈又回復成黑眼圈了，該死的！我只好中場趁他要舉不舉時，趕快抓緊空檔，死命塗、不計成本地塗，如果可以讓不舉男持續勃起，一千元算什麼？

但是，那天貪心塗太多，劑量一次下太重，脆弱的乳頭被劇烈侵蝕，表皮不堪負荷便脹如豬頭，根本不用漂，自然就已經破皮紅腫了，一碰就痛。貪心不足蛇吞象，不舉男只能看不能舔，殘念！後來才知道，原來這種乳暈神膏是加了色素的，一塗上去當然會變粉紅，但是船過「吮」無痕，吸吸咬咬就把粉紅色素吃光啦！乳頭沒變粉紅是小事，如果男人因為吃到乳暈漂白霜而中毒，傳出去就要後空翻了！

許多人都對笨頭笨腦的處男敬而遠之，但豪邁的菜市場阿姐卻將處男奉為稀世珍寶。她跟我說，和處男做愛雖然沒啥搞頭可言，但犧牲小我，卻能完成大我，因為處男有一種罕見的「童子氣息」，那種從汗腺散發出的氣味，是其他男人所沒有的元氣，可以讓枯萎的老女人回春，臉色紅潤，膚質晶瑩剔透。最明顯的是，阿姐背上的痘痘不用擠會馬上消下去，正是所謂的「採陽補陰」，就算做愛沒高潮沒樂趣也不要緊。阿姐說這話時，猛看著一個來買早餐的建中男生，好像 Discovery 頻道裡，

緊盯著小獵物準備撲殺上去的獵豹一樣。我不得不說，阿姐真像電影《倩女幽魂》裡的「千年姥姥」，專挑童男下手破瓜。

這些亂七八糟的性愛蠢方法，雖然現在看起來很無知，但當時我們的確樂此不疲。過了好多年，真正懂什麼是極樂之後，鳥來伯才承認這些旁門左道都是自己騙自己的，拚了老命想扮靚，還是被嫌到像灘爛泥。性愛上真正的契合，絕非靠乳暈顏色、陰毛濃密、青春處男可以完成，只是因為我們內心深處希望自己變成「傳說中男人喜歡的那種女人」，所以什麼狗屁倒灶的方法，都戮力為之。

低處未算低，爛中自有爛中手，更多性愛歷練後，我不知道是看破了還是更有自信了，乳暈黑又怎樣，人家天生就是「黑肉底」不行嗎？陰毛又短又稀疏是犯到誰了？人家恥骨部分的曲線可是很美麗呢！撒尿就盡情釋放，何必扭扭捏捏管他隔牆有耳呢？吃不到處男又不會死，我永保處女般的嬌嫩欲滴豈不是更重要嗎？這些以前認為拚死都要解決的事情，現在對我而言完全是小 case。

我曾經以為自己疲乏了，不再好奇各種偏方，但其實內心還是一名純樸的市井老嫗，聽到周圍女人家討論阿撒布魯的新花招時，心頭仍是癢癢的，忍不住向前湊一腳，然後身先士卒，努力在夢想與現實之間尋求平衡。

女人為了性愛、為了青春、為了美麗，有時還挺盲目的，橫豎就是命一條，真的沒有在怕！

姿勢就是力量

你最喜歡用哪種性愛姿勢呢？

有時候我覺得好奇怪，爲何那麼多人都喜歡用「傳教士」開場呢？好像不用傳教士開始做愛，就有一種「槍聲未響就開跑」的感覺。我問了其他人，他們說這種姿勢最適合各種體型，所以一開始用傳教士，是最安全的。

我有一陣子，非常不喜歡傳教士的姿勢，大概是跟當時的砂石車小開男友有關吧。他雖然身材不錯，但就是那張橫肉外加青春痘的臉在壞事，我們頭幾次的性關係都發生在砂石車上，狹小的空間根本沒辦法換什麼體位。有一天終於可以在床上正常地做了，乖乖，我才看清楚他的臉，原來當距離這麼接近時，才會知道眞相的殘酷。

他也是用傳教士開始。我張開眼睛，看到在上位抽送的他，身體像泰山一樣喔咿喔咿地向下飛來，他的花生肉臉也跟著如遠似近地晃動來去。

一瞬間，有如吹來一陣市場肉販把豬肉丟到顧客面前，隨肉翻騰而起的腥風；那些痘痘天女散花般，不斷隨著他的抽送節奏朝我臉上襲來……飛去……又襲來……又飛去，你知道的，有時候視覺是會影響性慾的。

「張開眼睛看著我吧！」天殺的小開在生死關頭竟提出這種慘絕人寰的要求。我只好勇敢地把眼睛張開一小秒，然後轉頭把臉往他肩膀上埋，試圖逃避他的肥肉跟痘痘，或是用腳趾在他後背上寫字讓他猜謎，好轉移注意力。「還害羞呢妳……」小開以為我在害臊，其實他錯了……

悲慘的是，傳教士姿勢更讓我清楚地看到他高潮時的表情。我承認我是重外表的女人，但是，小開高潮的表情實在讓人跌倒，我一定要說出來讓你們也跌倒！

快要射的時候，他的肥臉彷彿便秘般扭曲，所有的花生奔擠在一起，而眉間那顆如同觀世音的超大痘痘，一下往左，一會往右，在肉汁快噴出來的眉心抖動異常，天啊，殺了我！然後，小開的表情突然嚴肅了起來，好像在投開票所看選舉結果的黨工；過一秒，表情馬上變成灌腸過後宿便快要奪門而出卻得咬牙緊忍的臉。「這，若不是傳教士，我哪能如此清楚地看到他的臉呢？」我心中暗自感傷著。說時遲，射時快，像國慶日的花式儀隊表演，肉臉上的花生又改變隊型，整張臉迅速拉平，花生回復粒粒分明，他便咻咻咻射了……

你說，這麼有喜感的臉，我當然一點快感都沒有囉，我哈

哈哈地拍打著他的背，幾乎笑岔了氣。我實在被他傳教傳得很滅絕，傳教士從此成為我最討厭的姿勢。

很多女人不喜歡「狗狗式」，認為那像畜生，但是我就超愛，尤其偏愛跑到鏡子前搞這招。殊不知，這姿勢若沒搭配鏡子，就不完整了。

我曾跟愛好此道的女人們討論過，大家無不是說因為俯趴在鏡前，胸部因向下俯身而變大，只需盡量翹高屁股、縮小腹，身材從鏡中看起來就會超完美，呈現一種連自己都要讚嘆的美妙弧度。光憑這點，就多了兩小時的自信了。

放鏡子的另一個原因是，因為影像投射而造成空間擴大，視覺影響下，常會給人一種「多P競賽」的感覺，屋子裡好像有五、六個人一起嘿咻一樣熱鬧。狗狗式若從側面照鏡，可以看見高低起伏的體態；從正面照鏡，則可以讓雙方看見彼此的表情，還能跟鏡子裡面的男人對話，有什麼比看到男人用力推送更令人振奮的呢？但是，千萬別像我另一個自戀成性的女朋友一樣，她一用狗狗式後，就不管男友，兀自對著鏡子發呆自戀起來，摸摸臉頰，摸摸頭髮的，「她還以為自己在電梯裡照鏡子咧，搞什麼！」她男友曾忿忿地說。

我以前從來沒用過狗狗式，每次看到圖片都覺得那是騙小孩的。記得第一次跟愛換姿勢的自戀小不點做愛，他突然把我身體翻過來，然後趴在我的背上，叫我把屁股抬高，當他進入時我真不敢相信，天啊，這居然是真的，老師都沒有教過！

不過根據我的經驗，不是每個人都適合狗狗式，有時喬了半天，不管我蹲多低、屁股多翹、腳底多顛，對方就是放不進

來；有時卻唏哩呼嚕一下就進來了，跟吃湯圓一樣滑順。好像這種事也是得要靠緣分的，傳教士當得好，當狗就不見得稱職，反之亦是。

　　我必須要說，好的性愛老師不但能帶妳上天堂，還會教妳很多妙招。遇到自戀小不點，除了教我享受狗狗式之外，還教我如何「龍下鳳上」。

　　跟前幾個男友交往時，我還不太會，每次騎上去都不知道自己在搖什麼鬼，以為只要對齊了，拚命像搖珍珠奶茶一樣就對了。還好當時那些男友也很單純，沒有對我多做批評，直到遇見了小不點。有一次他實在看不下去了，「喂，妳在亂抖什麼鬼啊？」「哎喲，以前男友沒教好啦……」這一說讓他至聖先師的驕傲又出來了，不傳授一下怎行。

　　他要我再次滑入後，照著他的指示。「來，腰往前推……上半身不動，拉回來，屁股往後翹，不要翹太多，不然會滑出來……對，就這樣，再挺一次……」他扶著我的腰，一步一腳印地教我。「動作不要太僵硬，要有一點律動……對對對……有感覺到伸進去嗎……用一個小轉彎拉出來，不要用抽的，很像一個勾子一樣慢慢拉出來……」我照著他的怪比喻認真揣摩，心想乾脆錄成性愛教學影帶算了。

　　自戀小不點真的不藏私，他不僅教我如何享受，還教我如何媚惑男人。「看一下我……眼神不夠喔，要有點野……一種要強姦我的眼神……對對！這樣就對了！」好像我不只是性伴侶，還兼當模特兒，要做表情給他看。眼神完了之後是手勢，「用手摸一下頭髮，用力擠一下胸部……靠近我嘴邊……」我向

前堵進他的嘴巴，「喔……眼神不要忘記……眼神……」小不點的訓示繼續在耳畔響起，噹噹噹！下課了，高潮的我感到前所未有的充實！

有老師教果然有差，只是一種力道拿捏的訣竅，就讓我從搖珍珠奶茶，進步到乘風奶破浪臀，十分鐘內學成這一招，日後真的受用無窮。不過，有些大男人主義的男人不喜歡女生爬到他們身上，他們認為這是一種權力的挑釁，甚至認為男性自尊不容被挑戰。無不無聊啊這些人，做愛還分位階高低，什麼年代了？要我從你身上下來，就別奢望我會再爬上去！

根據小不點說，傳教士、狗狗式、騎乘式是所有招式的基礎，學得差不多就可以盡情變化了，其他花式也都是用這三個來延伸的。不過有時候，一場愛做下來，對方一直改變姿勢也很討厭，我又不是來做翻滾運動的，非得做完七七四十九式才能下課嗎，老師？

但是，有些男人動都不動也很欠揍。他們在進入後總是採取速戰速決的做愛方式，一律一個姿勢到底，從頭到尾僅是單調乏味的抽送，然後開始一二三四、二二三四；好一點的還會前進翻身，然後就變不出啥花樣，便開始擺爛耍懶。這種一氣呵成的做愛方式，一點也不值得女性期待，甚至只是上位＋下位＋後位就射了！要不就是叫我爬到他身上，他圖個方便啥都不用做，身體在下邊幫忙推一下也不肯，奇怪，以前那股像小丑一樣玩性愛雜耍的衝勁哪裡去了？

鳥來伯就遇過一個懶得換姿勢的男人，比女人更像死魚。有一回，習慣踮著足尖維持同一姿勢做愛的他，突然淒厲地鬼

叫一聲，我以爲斷了……原來是他突然大腿內側抽筋！他抽出後，腰彎不得，還得維持踮著腳尖挺著臀的動作，光溜溜的他有如想尿尿又得強忍住的公狗，連噴涕也打不得，我只有忍住笑聲，草草下床。

像跳舞一樣，我有個傳統觀念：女人做愛姿勢的最大原則，就是讓男人去帶，女人跟著就是了。這不是什麼男尊女卑的想法，而是女人根本不需要操這種心，讓男人掌控做愛大局，我們只要全心享受就好。當然，男人也不要勉強女人去做她不認可的姿勢，女人不喜歡某些姿勢都是有苦衷的，需要一點時間去練習。

小不點也不斷提醒我，不管黑貓白貓花貓、鶴交虎交狗交，只要能達到高潮的招，就是好招！別太在意姿勢好不好看，放下身段才會升天。女人必須學會一、兩招專屬的姿勢，用妳特有的表情、手勢、道具去輔助，讓姿勢化爲力量，變成男人腦中念念不忘的身影，就算以後分手了，他也會想念妳。

就像我現在，做愛只要一換到騎乘姿勢，就想到小不點。

▌仲夏夜之夢

夏天一到，許多東西都會一一浮現，眞是一個性的愛恨交雜季節啊。

其實我是喜歡在夏天做愛的，因爲我超怕冷。雖然我的某任前男友「氣功老師」已經幫我調理不下數十次，但我就是天生冷底，下輩子、下下輩子依舊冷底的女人。氣功老師曾形容過我的性愛生活「就像冰店一樣，多天打烊，夏天開張」，眞是貼切到讓人想甩尾。所以，每年多天凜冽的溫度，總會讓我卡陰縮陽好幾個月，身體藏在多衣裡，連脫衣服都懶惰，更遑論袒裎相見，關係稍微好一點的男人如虎哥，我們就窩在棉被裡推進推出；如果是可有可無的，就請他先回家閉關歇息，等多天過了再說，請原諒鳥來伯的不敬業，「我承諾大家，當天氣

漸漸溫暖，我一定破繭而出，請大家拭目以待。」彷彿每年冬天都要呼一次這種口號，真累人！

但說真的，夏天真是得天獨厚的性愛季節，你沒看熱帶國家的人口都比寒帶國家多嗎？證明了天氣熱，大家就想脫衣服幹壞事；尤其在夏天，女人真的不用太努力，就可以把男人拐上床了——你瞧瞧街上到處是穿著清涼小衣的女人，她們高高聳立著乳頭，肌膚腴潤，像兩個白嫩的饅頭一樣激動的起伏顫動著，過個馬路快跑一下，就足以讓男人噴乾鼻血，毛孔與雙腿齊張。重點是，衣物輕薄短小，如果臨時想要，僅需輕輕一撩，就可以從容不迫地在樓梯間「就地正法」，你說，是不是很人性、很貼心？

當然，夏天野合並不是首選，溽熱的天氣下，最好躲在冷氣房裡揮汗愛愛，享受「吃火鍋配冰淇淋」的暢快。

不過天天窩在冷氣房，月底收到電費帳單會就想哇哇叫，所以夏天最好是去賓館，花少少錢，就能享受冷氣無限放送的「賺到」喜悅，而且想洗幾次澡都隨便你。

我想到和虎哥在一起的夏日時光，有一次，我在烈日下剛逛完街，虎哥剛好收完帳，他便接我去公館老冰店吃剉冰。我吃著吃著，突然脫下涼鞋，將剛踏完馬路的腳丫子，暖烘烘地往他下體「罩」上去胡亂抹動。這時虎哥的汗滴得好快，不知道是熱了還是害羞，緊張兮兮地說：「妳這樣會給人家看到啦！」，「乘涼不行喔！」我答。後來搞得我們都受不了了，便馬上離開冰店（虎哥還勃起著喔）。然後，鋤禾日當午，汗滴禾下土，我們飛奔到新生南路的賓館裡，沖了個清涼冰鎮的冷水

澡，開始大玩一場。大把大把的汗水很讓我們酥融，再喝瓶冰涼的啤酒，享受了一下午肉體融化在一起的快感！

不過，夏天開冷氣愛愛要有訣竅。鳥來伯屬於乾性膚質，水分在皮膚上蒸發的速度簡直是沙漠風暴。萬一冷氣開太強，而兩腳張開的方向又恰好是出風口，那麼，被風直接灌進洞口後，不管前戲多麼的滔滔江水，水濂洞一下子又會回到死亡沙漠；而且，雖然準備潤滑劑伺候，但冷氣的去水力實在太強，很容易變成乾妹妹。很多時候，我都是手握著冷氣遙控器，下體一旦感到乾涸，就立刻按 OFF；但是過一會兒，赤條條的兩人悶到快中暑了，才又立刻按 ON，周而復始，開開關關，手一下要愛撫，一下要抓背，一會兒摳臀，一會兒又搔髮，在緊急時刻，一聽到對方說：「喂，有一點澀澀的……」還得伸手按冷氣遙控，手忙腳亂，真恨不得自己是八爪章魚。

請讓我再說說那位長得像金城武的臭臭男。夏天的故事中，不能沒有他！

在氣象局都還沒預測出颱風強弱之前，金城臭男就已經發出「各種強弱」的汗臭味了，而我跟朋友們就是依他臭味的殺人指數，判斷出本次颱風的威力，例如：

「還好啦，目前只有垃圾味道，還沒形成颱風結構。」

「報告，轉成阿摩尼亞了，不是中颱就是強颱……」

「媽的，嬰兒吐奶味，喂，下午一起去超市買屯糧啦，明天鐵定不用上班……」

「有一點餿水味了，誰去訂錢櫃，颱風夜一定客滿……」

「腐屍味出現！腐屍味出現！後天持續放颱風假！！」

金城臭男有一百個關於臭味的缺點，但光是「預測颱風」這一點，就替他翻身不少，簡直是人體氣象圖。

颱風夜很無聊，做愛便成為打發時間的良方。記得長髮小布出國前，住在頂樓加蓋的房子裡，一遇上颱風，屋頂就漏水，我們只好用水桶來接水。所以每次颱風天做愛，屋裡各種顏色的水桶，好像都睜大眼睛看著我們一樣。不過，當外頭的風聲和屋內水桶的滴滴答答已經很吵時，小布還會故意哇啦哇啦鬼叫得跟殺豬一樣，撞來碰去，外面聲音越大，他喊得越起勁，好像是抗議的兩大陣營在互相嗆聲一樣。小布揮動起長髮，神鬼戰士般地在我身上獵殺，原本因為下雨感到很煩的我，也被激起春情，跟著嘶啼，在這風聲雨聲叫床聲的房間裡，多麼粗野，多麼豪邁。

雖然小布的外型與技巧很讓我發春，但壞就壞在小布的頂樓加蓋沒有冷氣，我們每次都做得黏答答的，不怎麼舒服。有時汗流多了，小布還會壓著我的頭，叫我舔他那濕津津的腋下，啊！滾滾熱浪來潮，整個氣味直逼我腦門，噴得我連大腸都盪氣迴腸，就算不臭我也覺得噁心！

更超凡入勝的是，小布還喜歡用黏呼呼、滲滿汗水的腳掌，來回搣著我的背和後大腿，每一摩擦，我就覺得他腳底的那層汗膜，簡直像 pizza 會牽絲抽纏一樣，我的媽呀！開玩笑，他以為他是布萊德彼特就可以這樣嗎？人家鳥來伯也是人生父母養，有嚴重潔癖的我自然無法忍受，好幾次在中場就踢他下床去洗腳、洗腋下！

除了潔癖，我在夏天很喜歡修陰毛，看看會不會涼爽一點，去海邊穿比基尼小泳褲，也不用擔心陰毛小姐會神不知鬼不覺地想探頭出來逛街。所以，我喜歡在愛愛完，攤開大腿，央求男人幫我修毛，通常男人用手梳理毛髮到一半時，三角洲上癢溜溜的感覺，又會讓我想再來一次——這是專屬於夏日午後的樂趣！

不過有一年夏天與光頭佬做愛後，我要求他幫我修陰毛，那笨蛋竟然喀嚓一刀下去，把我的騷浪陰毛剪得奇短，三分頭耶，簡直跟額頭上的妹妹頭瀏海一樣整齊。後來去海邊穿上比基尼泳褲，過短又剛硬的陰毛，果然一根根地穿透萊卡布料，這比陰毛從胯下兩側露出來還致命，不換上黑色的褲子是不行的；下水游泳時，毛被水波逆向而來的力道沖到，抽痛的感覺就像拔眉毛，真是要死了，痛得我分不清楚是海水還是淚水。而且，在陰毛尚未長齊前，與男人做愛常常會刺到他們的下體，「小姐，妳這是鋼刷喔？」真讓我歹勢，死光頭佬，你不愛我也不讓人家愛我！

不過沒關係，陰毛與夏天一樣，是去而復返的，只有光頭佬，走了就不再回來。那個有他的仲夏夜，除了陰毛，我似乎不太記得其他鳥事了。

騷貨共勉之

　　鳥來伯我還挺喜歡「性騷擾」這字眼的，只要是女人都要學會性騷擾。

　　我必須承認，男女就是這麼不公平，同樣一件看起來可能是調情的行為，男人做不好就是「性騷擾」、「色狼」；女人做不好頂多只會被認為是「自做多情」或是「豪爽女人」。

　　我有個女性朋友很絕，她是個會在一瞬間「準確夾住男人乳頭並扭轉」的快手女，此妹的「剪刀手」在業界頗具盛名，許多慕名而來的男性都驚訝於她隔著衣服卻能準確探知對方的乳頭位置，且如老鷹抓小雞一般，加速掠取過去；輕輕一夾命中紅心還不打緊，剪刀手還會帶著奶頭向外側扭轉，讓男人在毫無預警之下體驗到她獨特的打招呼方式。你能說她這不是性

騷擾嗎？

　　對她而言，「夾奶頭」跟「握手寒喧」的意義相同，都是打招呼嘛；不少男人卻因此臉紅心跳，尤其是頭一回見面就硬生生被她夾揉乳房的年輕男人，往往嚇得像女人遭色狼襲胸一樣地花容失色，還有的 gay 被她捏的抱頭鼠竄，誇張的吱吱亂叫！重點是，她並非絕代美女，但她的剪刀手這麼多年下來已成為她的註冊商標，有些見到她卻沒被夾奶的男人，還會大膽的說：「咦？妳還沒跟我『打招呼』啦！」有些人則回家自我檢討，為何人人有份，獨我沒有？是自己太顧人怨嗎？這感覺好像去別人的公司，跟總機說你要找某某某，總機卻當作沒聽到；或是年終獎金一攤開，同事都三個月，只有你一個月一樣地無助悲情。你能說她這是性騷擾嗎？

　　我有些比較大膽的女性朋友，會在茶水間不經意觸碰已婚男人的身體，輕聲細語地在他耳畔說：「咦？我的內褲在你那邊嗎？」然後看男人驚紅一緋的臉；莎朗史東姐姐那招刻意交叉換腿，策略性地讓重點部位在千鈞一髮之際開放的技巧仍歷久彌新；要不就佯裝沒紙，把男人的手掌當 memo 紙，用靈巧的筆尖騷弄著他，施法般的解放他全身細胞，再補上幾個嫵媚的眼神。或是一群女人在電梯裡，嬌嗔笑鬧地朝著最靠近樓層按鍵的男人喊著：「幫我按鈕！幫我按鈕嘛！」

　　在辦公室騷擾男人的方法何其多，連彎腰撿筆都能順便把指尖滑過男人的臀部，開個窗戶不小心不經意玩弄一下他的扣子，或是抽取磁片時輕拍他的大腿，雖然不算深入接觸，但身體已然蓄勢待發。

我聽過最有創意的性騷擾，就是我朋友接到詐騙集團電話，對方搞得像是很忙碌的女銀行員，裝模作樣地說我朋友被盜刷了八萬。朋友於是跟她說：「小姐，妳的聲音好好聽，請問妳內褲什麼顏色的？」對方馬上把電話掛了！鳥來伯的爸爸也曾經接過色情電話，對方說：「×××先生，我好濕，好濕咧……」我爸想都沒想就說：「小心感冒喔！」便慢條斯理地掛上電話，去門口逗小狗玩了。世風日下，連老人家都學會了用「反騷擾」方式反擊，人心又往邪惡面翻了一翻！

　　聽很多男人說，他們其實很希望女人主動來哈拉，甚至「想像著女人會來騷擾他們一下」，對木訥的男人，沒有什麼比一個野女人對他進行騷擾更愉快的了。如果女人夠聰明，其實主動「性騷擾」並不壞，反而彰顯女性魅力。早餐店阿姐就是這種人，她可以跟來店裡買三明治的高中男生說：「你屁股越來越翹了啦！有在偷練喔！」當豬肉攤老闆對阿姐說：「妳素偶的性幻想對象……」時，她馬上答說：「這句話裴勇俊也跟我說過！」

　　在我心中，阿姐的各種對話都是最好的教材，她甚至是帶點創意、恃寵而驕與為所欲為的霸道。她這種好的騷擾，是市場生活的營養素，她會藉由男人的挑逗與安慰，讓別人知道她還是一個有吸引力的女人；她有時也會不吝高抬貴手花時間調情，滿足男人的虛榮心。「女人騷擾男人，是看得起他們，看他們夠緣投才想逗逗他啦！」阿姐神采飛揚地說著。我想，這就是身為女人甚至是年長女人的好處，連性騷擾都可以如此依隨己意，顧盼自如。

高段的女人總是能輕易地騷到男人，女人的魅力不一定要表現在床上，美好性騷擾一如隱形的性關係般，無所不在。

▌我們都是這樣長大的

　　每一隻醜小鴨變成天鵝前，總是有令人意想不到的黃毛幼稚期。雖然，現在的鳥來伯以保險套的數量來計算年月日、把「有沒有高潮」當作一週檢討大事、用「前戲爽否」替男人打分數……等等，但想當年，我也是個超級性愛蠢貨。

　　記得當時年紀小、膽量小、胸部小、動作小，總之，什麼都小不拉嘰，但性愛上的龜毛範圍卻是大得不得了。性，對當時的我而言絕對不是一個「隨性發生」的美妙情事，而是必須被規劃、被設定、被預約的。你聽過有人打電話給男友預約做愛時刻嗎？或是規定做愛時間長短嗎？還有更誇張的，規定做愛的方位嗎？很抱歉，鳥來伯我會。我習慣在每週三下午兩點以及每週五晚上十二點做愛，彷彿風水師看時辰，常令男友受

不了。因為，下午兩點剛好日正當中，我不能躺在面窗的位子，不然會因為太陽刺眼，瞇著眼而看不到男友，或是週五晚上剛看完午夜場電影，我們得快馬加鞭飛車回寢室「趕作愛」，和現在依隨我心的性愛態度簡直無法同日而語！

剛入門時，我對做愛有許多不成文又沒有頭緒的顧忌，總是無法全新全意放開心胸。做愛的環境太暗看不到性感內衣，太亮則又不好意思；太吵怕隔牆有耳，太安靜怕對方感覺像跟屍體做愛；跟學長不敢表現主動，怕被認為晚輩真是經驗豐富，跟學弟不能表現出性慾旺盛，怕對方擔心無法滿足學姊；性愛次數頻繁，便攬鏡自問：「天公伯啊，我是否太淫蕩？」太少，又覺得不如別人「能幹」。

沒啥豐富經驗就算了，卻為了面子，對自己的緊縮力與溼度相當重視，因此用一些傳說中的秘方（例如夾斷大便時幾度 hold 住暫停）來鍛練自己私處的肌肉，或是上課無聊就想些猥褻齷齪的事，增加分泌能力。還常在性愛中途拷問男人：「緊不緊？濕不濕？」現在想想，簡直廢話！沒生過孩子的女人當然緊，沒被冷氣吹乾當然濕，更何況當年才初解人事，彈性滑溜感直可比擬一等一的人間極品鮪魚肉！

當然，單純如我是個不會「口技」的傻妹，不論生理、心理上都無法說服自己，當時覺得「那東西」沒啥口味又沒營養，既不強身又不補體，最大的好處可能是零熱量。雖然不知道吃了有啥用處，但我還是乖乖照屁全收，直到後來自己被「同理對待」後才知箇中爽點，於是利人利己，開始心甘情願

地好好鍛鍊口技，學會設身處地為人民服務，既然他讓鳥來伯得到樂趣，我也應當讓對方高興起來！

那段時間，我想盡方法來訓練舌功，除了舔霜淇淋、用舌頭代替筷子挑撿碗裡的飯菜、吃湯麵時故意學日本人唏哩呼嚕地大力吸麵，並且練習將手指深入喉嚨；不然就是在鏡子前舔香蕉，研究自己的各種表情，揣摩起初害羞到最後大膽痙攣等不同階段的模樣，最終目標是吃完香蕉且不留齒痕！

最好笑的是，當時不知高潮為何物的我，居然還知道性交要雙方高潮，不痛但快樂著。只是我誤以為高潮是一種「很想上小號的感覺」，所以每當男人問我：「到了嗎？」我都捫心自問：「自己想不想尿？」只要是想尿了，就會用孩子氣的聲音說：「喔！人家要高潮了」這……這……還真是個白痴的行為，我只能說，不知者無罪亦無高潮。

畢竟，你知道的，女人咩，是一種從小就會集體去尿尿的動物，原本不想尿的人也會突然湧上一股尿意。加上鳥來伯從小懶人屎尿多，膀胱又無力，上課常舉手喊：「老師，我想上廁所！」所以，如果性愛前喝水，鳥來伯馬上就想噓噓，而當年那個喊上廁所的小女孩，卻變成搖頭鬼喊：「寶貝，我高潮了！」的蠢蛋……

不敢相信吧！向來叫床不打草稿的鳥來伯，竟也有如此誇張的阿呆往事伴隨成長。不管怎樣，鳥來伯還是死不要臉地堅信：在哪裡失敗，就在哪裡站起來！不，是……在哪裡「躺下去」！

Chapter 3

女愛十八變

格鬥天后，愛的戰鬥服

我再說一次，視覺刺激對男人來說是必要的。

鳥來伯愛買衣服，也愛買「愛愛戰鬥服」，是一個喜歡把上床搞得跟參加服裝發表會一樣隆重的嘗鮮敗家女，什麼蕾絲露乳透視遊戲服、兔女郎透明連身衣、羽毛戰士前開後幹春天褲、賽車妹妹短裙，白色巨塔護士服……我都會買來穿穿看，但用過這麼多配備，御駕親征，集男人經驗之大成後我發現，效果最好的還是黑色網襪！

黑色網襪是一項全方位的致命武器，就算服裝平平，套上了它當場加分很多，而且價格實惠，三雙一百有找，但可別買只包到小腿的，那種太小 case，傷不了人！要嘛就穿包到大腿的，只露出腰下的一點點大腿肉，剩下的五分之四完全包裹在

格網裡，連在客廳看著我努力換裝的小狗，都覺得今晚有風雨要發生了。

然後在迷濛燈光下，只需要伸出一條腿攀附到男人肩上，用網襪磨蹭他的臉頰，就足以讓他發癲了。最精釆的過程，莫過於他將妳的網襪一路從上剝到下，左手一寸寸地把網襪往下捲，右手則一步步地往大腿上面撫去……，那種要脫不脫，欲拒還迎的樣子，馬上就達到春藥的境界，不管對女人或男人，都足以致命！

但有一次，我全副武裝準備挑逗虎哥時，「哎喲，妳的『腫頭仔』跑出來了！」虎哥指著我的腳似笑非笑地說。我低頭一看，天殺的！腳姆趾竟然從網襪的格網裡噴出來，失禮死了，藏都藏不住的切腹感，有什麼事情比當場脫下襪子勒斃虎哥，防止他洩漏出去還重要！

各位請記住，這是我用慘痛經驗換來的，太大格的網襪絕對是性感天后絕緣品，之後做愛穿網襪，我打死都穿小格網的。還有，腳指甲也要按時修剪，有時候太尖，臨門一腳時會勾破襪子，我可是曾經因為這樣，釀成讓他瞬間軟掉的悲劇，所以穿網襪不得不小心啊。

我最討厭那種只要女人一穿上網襪，就巴不得立刻把網襪撕開、咬爛、搓破的男人，這種事情大多是有暴力傾向的光頭佬幹的，他大概前世是金剛轉世，除了有嚴重自虐傾向外，吵架時亂摔東西，做愛時破壞道具，都是一絕，他這種無法控制情緒的躁症，有時真是要了我的命。

光頭佬做愛時，很原始，很獸性，喜歡用嘴巴脫衣服，連

網襪都不放過。他撕破我好幾雙便宜貨還不打緊，有一次一雙1299元的名牌網襪，才被他咬到膝蓋部位，就卡進他的蛀牙縫裡，他大叫：「喔！好痛，它勾住我了啦！」他試圖扯開襪子，卻無法太用力，因為牙齒會痛。當然，我亦不能接受拿剪刀剪，一雙1299耶，我好心痛。

雙方都不讓步之下，他一直卡在線頭上，又挖又摳的，簡直把我的網襪當牙線在用；後來似乎越纏越嚴重，我索性整雙脫下來給他挖個夠，不想繼續等下去，勉強已經無意義，一雙1299耶，1299耶，給老娘走著瞧！（咦，我似乎寫了四次1299，我真的很在乎啦！）

要愛愛戰鬥服發揮效果，男人就絕對不能太粗魯、太笨拙。就像每次我千辛萬苦夾好了吊帶網襪，一到氣功老師手上，吊帶扳扣就是拆不開，他那種修行者，會脫最簡單的內衣褲就偷笑了。每次他都把吊帶跟著下面的網襪一起脫，讓吊帶網襪完全喪失引人入勝的功能；但網襪沒有功勞也有苦勞，每次氣功老師一邊氣喘噓噓地脫吊帶，就會害羞地說：「我等一下青草茶要多喝一點了，上火啊！」

記得以前還沒跟他「做夥」時，看他一副正氣凜然的唸經模樣，就讓我很想勾引他。有一次他唸到一半，鳥來伯故意解開一顆襯衫鈕釦，微微露出早上網購寄來露奶頭裝，只是不知道氣功老師是瞎了還是真沒 sense，抬頭一看到，竟然想都沒想的問：「小施主，妳內衣破了還在穿喔？」我聽了差點七孔流血，就地陣亡。老師，你摸著良心，你說自己是不是該檢討？你快告訴我你是故意的！施主我……原來……露奶……是露心

酸的唷！（我倒地不支了！）

　　除此之外，我很喜歡買各種變裝秀的奇怪假髮和塑膠面具，就像以前有個搞怪建中男生，戴著青蛙面具上街跳舞，我的就跟那青蛙是同系列的，整顆頭都會罩下去那種，是整顆頭喔！鳥來伯喜歡戴馬臉面具，而小布喜歡戴長頸鹿面具，我們就這樣鹿頭馬面地交纏起來。喜歡攝影的小布，有時還會要我戴上這些面具讓他拍照，我承認這很變態沒錯，但那就像在跟禽獸做愛一樣，讓我們暫時忘掉身為人類的疲憊。

　　有一次，我們這對禽獸男女做到一半，竟有人死命按電鈴，我只好急急忙忙把衣服穿上，想也沒多想就開門探出頭去，拿掛號信上來的管理員一看到我，就一陣慘叫。「按怎？誰？」小布在房裡一聽到門外有人尖叫，馬上衝出來。管理員看看他，再看看我，倒退三步，差點下跪。我們這才想到，哎喲，面具還沒拿下來啦！眞歹勢，牛頭馬面，陰曹地府，嚇得他老人家猛發抖，大概以爲自己到十八層地獄了！我們只差沒學 2005 年風靡全台灣的那句「爺爺，您～回來啦！」不然包準他屁滾尿流。看他以後還敢不敢在我帶男友回家時，在大門口亂瞥我，臉上一副「唷！又帶男人回家」的死樣子。

　　男人喜歡什麼樣的戰鬥衣呢？其實我想重要的還是情趣，不是一點亮片、羽毛就算得上情趣，重要的還是雙方的感覺。除了讓男人「視覺牽動性覺」之外，更多時候，當女人穿上戰鬥服，其實是在意淫自己；歡愛中的女人，總希望對方看見最亮麗的自己，在穿脫間，享受身為女人的喜悅，發現自己穿新

奇衣服的獨特品味，是自愛也是自慰。

當然，在這裡要奉勸男人，請你們要對「做愛前精心打扮的女人」充滿感恩，因為我們會這樣做，就是代表對男人的重視。不然誰想在大熱天裡，下半身套個網襪猛流汗呢？誰想在寒流來襲時，穿著單薄如翼的性感睡衣打噴嚏呢？你們要知道，很多戰鬥服的設計並非以實穿為主，卡溝的卡溝，擠奶的擠奶，壓肉的壓肉，非常不舒服，不用等男人動手，女人早就想把自己扒光了，有時候還沒做愛就差點被整死。

不過，戰鬥服終究是陪襯。畢竟對男人而言，女人的衣櫥永遠少一件衣服，床上卻永遠多一件衣服！

馬上減肥，方法問我

　　我總是一陣子很想減肥，一陣子卻自暴自棄。每換一個新的性伴侶，有了新的愛情、新的性生活，我就會開始減肥。

　　好像很多人都是這樣，爲了給對方一個好印象，只要是人，只要是女人，一提到減肥，就像被磁鐵吸到的鐵釘一樣，咻地一下，原神瞬間被吸走，之後到底做了什麼事情，買了什麼減肥藥啊霜的，完全都不知道了。

　　對於減肥，我承認我很病態，這大概是因爲我大學時有一張嬰兒肥臉，四肢也很肉，而且當時怎樣都學不會「騎乘式」，做愛總像是一團霜降肉在搖來晃去，滑稽得讓人跌股，我因此被男友取笑像「溺水的海豚」，讓人很想眞心問候他爸媽。也不能怪他，我當時超沒自信的，男友隨便批評一下我的身材，我就非常在意；經過夭壽瘦的女孩身邊，也會不由自主低下頭

來，聽到男友跟他死黨談起剛剛路過的細腿妹，完全無視於我的存在，真是沮喪的快投河了。反正，當時我在男友和朋友眼中，是個沒有性別可言的傢伙，腰不束、奶不膨、屁股又不翹，如果一不小心胖起來，更是雪上加霜。

出社會後，有一段時間沒交男友，性生活掛零，體重也相對飆高。後來終於有了交往對象，第一次性愛前，為了給對方完美的視覺印象，我發狠地吃一堆減肥藥，看減肥門診，硬是要自己消下去，就算醫生很有良心地對我說：「免啦，妳很瘦，回家去啦！」我還是覺得醫生在安慰我。說真的，雖然我現在不算胖，但還是對自己的身材沒啥信心（很欠扁吧！不過這大概是我轉而專研後宮媚術的主因），我擔心被剝光後，腰掛游泳圈，過大的臀部像果凍晃來晃去，就算男人不覺得噁心，我自己也放不開。

唉，女人想減肥，就像男人想持久一樣，表示對另一半的在意，某種程度上來說是很感人的。就算跟對方是老夫老妻了，我依舊不敢懈怠，常覺得要是可以更瘦一點，雲雨時就可以更神舞飛天，更能使出渾身解數，什麼猴狗鳥鳳等姿勢，就算跳鋼管舞也難不倒我！所以，一發現自己變胖，我就很緊張，雖然後來知道體重並非影響性生活的原因，但我仍超介意體態，演變成現在是，誰敢說我變胖，我就跟他把命拚。

這種為「性」而減肥的真誠想法，並不稀奇。我有一天突然發現，原來「寓減肥於性愛」才是最好的瘦身良方。邊嘿咻，邊瘦身，想瘦哪裡尻哪裡，用對技法就瘦對地方。精選招式可以打擊多餘體重，就算只用基本招，在悶室裡揮汗，也可

排除體內毒素，促進新陳代謝。對我而言，失戀會變胖，戀愛則變瘦，做愛更會狂瘦。「做對姿勢，還能瘦到你最想瘦的部位！」完全就是唐安麒老師的口號。

　　會有這個發現，是因為有一陣子我處於性愛空窗期，發現自己突然一下子胖了好幾公斤，我左思右想，又沒吃多少東西，生活作息也一樣啊，原來就是因為沒人陪我運動啦，厚！這可不是我胡謅，沒做愛真的差很多，我開始相信網路上收到的「脫掉衣服可消耗 10 卡路里、深情舌吻消耗 65 卡路里，連戴個避孕套也能消耗掉 6 卡路里！」等廣告郵件，這些驚人的數字原來是真的。鳥來伯那時才知道，原來戀愛時那台「活男健身器」是多麼好用！我開始投入性愛瘦身的行列裡，每次性愛都是我的瘦身良機。

　　一分耕耘，一分收穫，想藉由嘿咻消腫，當然不能像死魚，要主動進攻才行啊。用傳教士時，我會先把雙腿架到男人肩上，伸展一下大腿後肌，「勾我啊！」識相的男人會提出這個要求，我便可順勢將腳踝勾著他的頭，活絡一下腳踝肌腱。

　　當然這都是剛開始，想大量消耗熱量，就得利用「女上男下」的姿勢。鳥來伯坐在高崗上時，一定隨時縮小腹，用腰的力量推送，各位朋友啊，記住喔，是「推送」喔，不是上半身亂搖亂晃，那只會浪費力氣又沒瘦身效果。我得再次感謝自戀小不點傳授我的下半身划船法，沒有他的啟蒙，我將如何成就完美的腰部線條呢？總之，要減掉側身的肉，就要不懈地推送，功力高強者或減肥勢在必得者，可以控制快慢或以跑旱船的方式打圈，讓腰間肥肉消耗更快。

　　自戀小不點還教我一記絕招，就是使用蹲廁所的「蹲坐」

姿，然後像「抖尿」一樣前後搖擺，「這大概抵得上妳做五十個仰臥起坐的熱量喔！」他說，還聲稱這種「上位式的變奏版」可以拉緊大腿內側，同時刺激 G 點。啊！讓我第一次搞得很累，大腿痠到不能再伸直時，還真的差不多也高潮了！

除了上位式，狗狗式也有助於減肥。我前面說過，我很愛對著一面大鏡子做愛，除了有刺激感官效果，其實還可以順便觀察自己的身材，這是我的 101 招。說也奇怪，我一看到鏡中的自己，自然會心生警惕，小腹迅速緊縮，屁股縮繃並高翹；一邊瞧身材，一邊妖媚地前後移動，對減去雙方腰部、腹部、女人大腿、男人上臂的脂肪有明顯效果，還可以成功建立自信心，不管妳是胖是瘦，大腿粗或小腹突，在那一刻都會覺得自己是最美、最登峰造極的，而且重點是，不容易懷孕！

有一次，我貪圖一千六百元紅包去當別人的伴娘，而前提是必須穿緊身禮服。婚禮前，我不擇手段想急速瘦身，竟然不要臉地跟男友提議去公眾場所死角嘿咻！殊不知，到公眾場合做愛，從事前準備到事後遮掩，都會消耗大量腦細胞，尤其隨時面對被旁人窺見的風險，萬一遭人偷拍流傳在網路上，至少為了上鏡頭好看，做愛得狂收小腹，如此雙重刺激之下，分泌的腎上腺素更多，瞬間消耗的熱量當然高居第一！男友曾經感慨過，女人為了美可以如此大膽狂野，真是不可思議。

女人減肥就像男人手淫一樣平常，現在我已經和男人達成「333 減肥法」的完美合作模式：每週性愛 3 天，一次超過 30 分鐘，每次抽動 130 下以上。朋友啊，這是鳥來伯試過最棒的「散散散（台語：瘦瘦瘦）」秘訣唷！

停滯期的法寶

　　有一陣子，我跟氣功老師進入「性愛停滯期」，對性這檔事了無興趣，我於是去請教早餐店阿姐，希望她給我一點開釋。

　　「同樣一隻金箍棒只會變長變短，用久了難免乏味……」阿姐邊倒奶茶邊說著，「妳先去買情趣衫褲，阿妹啊，穿上去，有用的喔！」最好是這樣就有用，我帶著一肚子困惑，去買了一套輕薄短小的情趣內衣，付錢的當下我就感覺有效果了──雖然一件只要 599 元，但無論如何，回家一定得「愛一下」才能回本，唉，就是這種愛計較的歐巴桑心態作崇啦。

　　也不知道為啥，當晚一穿上情趣內衣，立刻覺得卡門附身，好像穿了這種衣服不開炮就對不起天地良心，我便一扭一扭地在打禪的氣功老師身上磨蹭。之前我們的性生活早已單調得像在煮白湯，現在加了重口味果然改進不少，氣功老師睜開

眼睛，發現我穿著艷紅的情趣內衣，這時他的功夫褲褲襠出現隱約的山巒起伏，他驚呼了一句：「啊，胖胖李哪吒！」便衝向我，像拜神一樣將我撲倒。喔！再多的道德訓練也受不了了，他第一次不用慢條斯理的參禪模式就進入了狀況，一把就在禪墊上將我搞定，這也創下氣功老師勃起時間最快的一次！視覺影響性慾之大，如此可見。

　　之後，我瘋狂地收集情趣內衣，也發現這是最平民化的助性法，只要是女人，做愛史中一定都會買過幾次。除了有褲有罩的傳統內衣套組，現在烏來伯的衣櫥裡，還有不下數十件「戰袍」，什麼前開後幹褲啦、人面獸心眼罩啦、軟硬兼施手銬啦……，件件都是功在黨國的一時之選。沒辦法，誰叫男人有內衣情節，一看到就忍不住想摸、嗅、咬，撕、剪、掄……，毀得掉衣服的形體，卻毀不掉我頑強的做愛意志，殺了一個我，還有千千萬萬個我！越挑戰道德感的內衣設計，越能刺激男人的末梢神經；越想像不到的穿戴方式，就越夠味帶勁！

　　對我而言，情趣內衣是絕對超值划算的投資，花小錢就可讓男人為妳下地獄，女人千萬不要認為那是淫娃蕩婦、花街柳巷的女人才穿的，別忘了女人有愛穿新衣的原罪，只要當天穿了新衣，心情就要命地特別好，對吧？在床笫間也一樣，穿上龍袍就變皇帝，情趣內衣取悅的不光是視覺系的男人，女人一樣更能享受性愛的歡愉，雙方自然而然勾出慾望，然後春潮湧動，洪水氾濫。

　　後來，情趣內衣玩到沒味道了，阿姐又告訴我有種東西叫「乳頭夾」（我們都猜那是在家曬衣服、襪子的家庭主婦發明

的），總之，就是兩個以軟膠包裹的夾子，末端連接震動器，啓動後便開始天上人間回魂樂。

阿姐還說，這種夭壽骨東西還男女有別喔，如果是男性使用者，乳頭會感受到有如小蛇咬囓的酥麻，「保證癢還要更癢、硬還會更硬」；男人被夾時，女人可以愛撫他的其他部位，「阿妹啊妳說，伊受到這麼多方位的刺激，不迅速硬挺炮管，把妳轟上九霄雲外才怪！」阿姐說得眉飛色舞，眼睛還瞇成細細一條，很陶醉的樣子。相反的，如果女人使用，根本就是耶穌也瘋狂，阿姐說她每次都全裸讓兩粒櫻桃通著電，在男人眼前搖呀晃的，雖年過四十，奶子有點下垂，但有波動的奶才是讓男人橫死的必殺品呀。「接下來妳就免操煩了，伊絕對甲妳做夠夠！」

聽起來屌是屌，但創意之人如我，向阿姐借來後，把夾子上面兩片圓圓的貼布，貼在身體肥胖部位，當成「船井碎脂機」使用，肩膀痠痛還能當「低周波治療器」哩。阿姐知道後，被她罵到快臭頭，「肖查某，如果乎妳玩壞去，阮做愛抹震動，妳就知死！」阿姐真的很認真地寶貝這玩意兒。

試過情趣內衣，也試過了乳頭夾。有一陣子，我跟阿姐嘗試一種東西叫「震動保險套」，現在這東西很普遍了，我們當初研究時大概是 2001 年喔，全台灣應該只有我們這兩盒吧，那是阿姐請市場的委託行老闆娘從國外買進來的。「做愛也得走在時代尖端，市場姊妹爲愛把命拚！」當時如果被媒體揭露，應該會下出這樣的標題，我們倆就會上頭版頭條，然後眼睛被畫上黑線這樣。

話說回來，我們剛開始還擔心這麼高科技的導電產品，竟要用在男人的私密處，要是一個不小心漏電，豈不像碳烤香腸般壯烈？後來試過才知道，這一切都是自己嚇自己。它的外殼材質採用不導電的無毒乳矽膠，摸起來像軟糖，而且真空包裝，不知道比男人的老二乾淨幾萬倍！其實，說穿了就是保險套加震動器而已，震動器是套住陽具根部、讓陽具搖動的主要動力，狀似戒指，三年後引進台灣時，進口商還取了個很冷的名稱「魔戒」，不知這樣算不算置入性行銷。

　　總之，男人把魔戒套上小弟弟後，只需要一拉控制線，就會感受到整圈且有韻律的刺激震動，從陽具根部持續散發，振動器還可同時摩擦刺激大小雙寶——陰蒂和陰道，不是那種劇烈如神龍擺尾的亂擺喔，所以女人也可同步享受。「即使如此，男人還是要盡力衝刺，不能偷懶！」阿姐很堅持地說，震動不能取代男人的力道，男人戴上魔戒雖然很爽，但還是得努力抽送，女人才會幸福。

　　由於當時的震動保險套屬於陽春版，不能變速，電力只能維持十五分鐘，所以我們總是「省著用」，為了拉長做愛時間，總在千鈞一髮、呼之欲出時，迅速關掉電源，冷靜個幾秒再衝刺；就這樣拉拉扯扯開開關關，希望把「驚天動地十五分」的電力用在刀口上，當快感徐徐提升到不能自已時，再一次吸乾作絕，直到久違的高潮出現為止。生平第一次用力配合政府的節約能源措施，啊，守法的感覺真好！誰叫當時全台灣只有這兩個，阿姐一個我一個，用完就沒了耶。

　　其實，以前我很抗拒情趣商品，要不是阿姐的開導，我還

很死相地相信很多女人跟我一樣，對情趣用品產生莫名的吃味與忌妒，「男人竟然不藉由老娘就可以達到高潮，那……不就證明本人很沒魅力嗎？」以前我常這樣亂想，把情趣用品批評得體無完膚！但是，當鳥來伯用了這些簡單的性玩意兒後，發現居然可以在不必多費工夫的情況下，輕鬆提高男人和自己的性趣，重溫地動山搖般的快意，為景氣冷到不行的台灣帶來一股暖流！

　　噢！為什麼要讓我愛上這些敗德喪志的性玩具？如果我以後玩不到了怎麼辦？我不禁擔心了起來，臉上還浮起犯賤無比的星爺嘴臉，好媚俗喔我！

▌情趣用品的華麗與蒼涼

　　相對於五花八門的情趣用品，其實我也喜歡就地取材，有什麼就玩什麼。跟不同的男友，就有不同的樂趣。

　　還記得我那一心向佛的氣功老師男友嗎？他除了愛練吐納功和排濁功，不知受到哪個門派影響，還很愛點蠟燭做愛，但……但……不是那種催情的芳香蠟燭，而是供桌上拜拜用的鳳梨蠟燭，或是那種很粗的，外緣還貼著「百年好合」的龍鳳圖案蠟燭，搞得滿屋子跟佛堂一樣，還在燭光中唸誦地藏經，我要哭了我。他還對我說：「唐詩中的『何當共剪西窗燭』，不知是否指此？」聽了真想打他，鄉土到一個境界，要人家怎麼叫床啦！

　　氣功老師說：「我有個道友也是這樣點蠟燭，做愛後竟想

破戒抽菸，隨手就用鳳梨蠟燭點菸，不知是老眼昏花還是氣到佛祖，當他湊近蠟燭時，突然蕊心爆開，燒到鬍子，帕滋帕滋的聲音和焦味，嚇得他從此戒掉事後菸，還自嘲『這都是因為緣沒有到』，讓我聽了馬上稱唸『南無大願地藏王菩薩』！」

　　不過蠟燭用得好，還真是催情聖品。不舉男曾把家裡從門口到房間擺滿薰香蠟燭，當我看見自己的身影在門板上顫動跳躍著，氣氛浪漫到簡直要用相機拍下來做紀念，尤其在牆壁上搖曳的隱約燭影，一股神秘力量促使我將心胸與大腿完全放開。「來，妳看著牆壁，我在妳後面……」不舉男引導、愛撫著我，我看著自己的身體在牆壁上扭曲、釋放、掙扎、癱軟。當然，他那一次還是沒舉起來，「我有沒有很棒，有沒有很棒？」他喃喃自語。有啦，很棒很棒，他有這等心意，已經讓我感念萬分，就那一次，我覺得真愛是可以超越生理的，就那一次！

　　高跟鞋也是我的情趣用品，它跟網襪一樣可以讓人不用費力耍招數，只要全身脫光穿上它，馬上會有很深的犯罪意識。不管是露趾細帶涼鞋或及膝長靴都好，擺一雙在床邊，愛愛專用，但千萬記得把鞋底的標價貼紙撕掉，男人可不希望把妳的腿舉高準備進入時，還看到「特價399」字樣。鞋子也最好是未穿出門的，跨上肩頭或床頭都無後顧之憂。

　　自戀小不點一直很反對我穿高跟鞋出門，因為我還沒穿鞋就已經比他高了，唯有做愛時，他會主動要我穿上。他最喜歡我眼神狐魅地緩緩走近床邊，「妳高也只能高給我看喔！」他邊勃起邊囈語著。是的，我不僅身高變高，小腿曲線也瞬間拉

長，遠遠看起來，超像《史密斯任務》電影海報上的那條腿，加上骨盆肌肉緊張收縮，臀部翹得可以端盤子，比抹減肥霜還有用；小不點這時候如果沒有立刻撲上來，那他一定正在脫褲子！尤其是鳥來伯身材嬌小，跟小不點做某些招式如站立後入，我們兩個矮子做起來並不順，每次都踮腳踮得快抽筋了還沒高潮；但穿上高跟鞋，這問題便迎刃而解，不但體位配合得恰恰好，臀部還因此翹得更高，「扭軀欲前飛」的姿勢簡直美翻天，搞得自戀的我又想再來拍張照片了！

小不點希望我增高，好讓做愛招式更多元化；金城臭男則因為口臭，得戴口罩做愛，我最喜歡用口罩將他的眼睛矇住，讓他在失明的恐懼中享受被伺候的快感，對我的挑弄因未知而感到興奮。有時我還會戴上有鈴鐺的腳鏈，讓金城臭男聽聲辨位，頂著陽具，全身光溜溜追逐著我的身影，他扮瞎找我時，好像連續劇《庭院深深》那個在房子裡鬼叫「含煙，含煙，妳在哪裡？」的柏霈文。

每個人的生理構造不同，情趣點也不同。長髮小布則喜歡秀他那一頭長髮，不管冬天夏天，他做愛時習慣把電風扇開到最強，讓長髮迎風飄呀飄的，跟動力火車拍 MTV 一樣，而且他那台電扇是能把辦桌菜吹涼的工業電扇喔！「我就頭髮比較多，要強力一點的才飄得起來……」據說這會讓他表演慾大增，動作猛烈如獅虎；沒了電扇，就變成一隻小遜貓。

不過有一次他太入戲，在電扇前甩呀甩的，長髮就被捲進去了，「啊！」電風扇捲夾著頭髮，發出刺耳的「嘰嘰」聲，宛如交通事故一樣恐怖，嚇得小布連保險套都還沒拿下來，就

立刻翻找產品安全保證書，一付要申請國賠的樣子，死公務員性格表露無疑。

此外，有些人把冰塊當成家常必備的催情道具，但我認為「冰火九重天」的遊戲得挑人玩，如果吃到太冷或太熱牙齒就敏感酸痛的人，硬要玩肯定哇哇叫。

虎哥平常很帥氣，但是含著冰塊撫弄我全身時，不知他是不是口腔下顎肌肉不發達，融化的水順著他嘴邊猛流，搞得床單濕答答，超像邊流口水邊叫阿姐的康安。他還會猛一抬頭問我：「舒服嗎？」一瞬間，關不住的口水混著冰水從半空中咻地直直落到我臉上，跟電影《見鬼10》那個從天空而降、流著濃稠口水的女鬼一樣噁心。

愛把果醬、奶油、蜂蜜抹到身上的人注意了！早餐店阿姐之前有個男友，做愛前硬要阿姐把做生意用的花生醬塗在身上，結果做愛時吃下肚子後，突然喉嚨沙啞，氣喘吁吁，一副馬上瘋的鬼樣，阿姐嚇得從床上跳起來，趕緊帶他去附近的醫院急診。

「你最近有服用平常沒在吃的藥嗎？」醫生半夢半醒地問著。男人情急之下，居然招認剛剛偷吃威而剛，「威而剛？以前吃過嗎？」醫生唯恐天下不知一樣地問，這間醫院有一半的護士都在阿姐那裡買早餐。「該死，不說沒人把你當啞巴！」阿姐心中抱怨著，臉快垮到地下室去了。

檢查後，才知道原來男人是對花生過敏。臨走前，醫生特別跟他掛保證說：「我再說一次，你會發病不是因為威而剛

喔，還是可以繼續吃的⋯⋯」你說那醫生還夭不夭壽？唉，明明是做愛，明明只是花生醬，為什麼阿姐還是覺得感傷呢⋯⋯

　　情趣用品固然增添情趣，但是做愛有沒有創意才是重點。最優的情趣用品，並不只是直接刺激五官的情趣玩具，越平凡的東西越容易帶著特殊的氛圍感，讓人從心中開始燃燒，自然而然地讓性愛呈現最佳狀態。

　　所以，口罩比封箱膠帶平易近人，鳳梨蠟燭比芳香精油還容易上達天聽，高跟鞋比 SM 皮衣、皮鞭更引人入勝，電風扇比羊眼圈還能重振雄風，冰塊、果醬也比和合油更經濟實惠。

　　當我們把情趣用品說到爛、玩到膩的同時，就請再相信一次自己的創意和直覺吧！

▌妹樂地

　　你快樂嗎？你在哪裡做愛最快樂？「越危險的地方，就是越快樂的地方」這句話，在很多時候都是成立的。

　　鳥來伯覺得，人在年輕時真的很不怕死，很多**轟轟**烈烈的性愛事蹟，都是在奇妙的地方寫下的，例如圖書館，就是集知識、智慧與性愛於一身的「妹樂地」。

　　曾經聽虎哥有一位叫「春獸」的男性員工說，他以前大學期中考期間，常和女友到圖書館 K 書，因為坐在最後一排很隱蔽，他 K 著 K 著，手就 K 到女生的裙子裡了，當然他們都是演技派的，表情都沒有多大變化，始終保持純真善良老實用功外加不吭聲的模樣。逗弄了一會，女同學大概開始土石流了，一屁股滑到春獸腿上，雖然有裙子檔著，但他們已經凹凸對齊，

連在一起了……

這對最佳男女主角還是有說有笑，不知情的人，還以爲他們只是那樣坐著聊天，你只會看到女生輕微的起伏，男生輕輕的喘氣著，忽快忽慢，時重時輕，簡直放肆到一種沒文化的境界。「呼！很讚……」春獸說他體會到在這麼多人面前做愛的刺激感，他那穩健的台風簡直可以參加總統大選辯論會了！書呢，就不要看了，考試當掉算了，大家盡情享受那種似夢迷離的感覺吧！

春獸和獸嫂最後受不了，還跑到化妝室裡，找一間「殘障用」的大廁所，一次搞個痛快，根本無暇去擔心害怕有人進來，「年輕啊，眞好啊！」，聽得我們這群色情男女快站不起來。春獸說那種前所未有的快感，讓他到現在都難以忘懷。「殘障用廁所搞完然後呢？怎樣了……快說！」我們抓著春獸，迫不及待地想知道後續。原來，他們出廁所之後爲了掩護，各自從書架上拿了一本書，一前一後回座位。一前一後啦，心機好重！圖書館的其他學生仍然在 K 書，根本沒意識到這對好學男女，在十分鐘前演出了一段不可告人的「妹樂地」荒淫紀實。當然，春獸是沒啥國民道德的，他這種鼻屎愛亂摳、亂黏的非人類，絕對有本事把廁所搞得跟命案現場一樣，眞是苦了下一個進去上廁所的人。

高個男有一次也跟我炫耀說，他和某任女友搭長程飛機去旅行，因爲時差睡不著又很無聊，機上放的片子也不好看，他倆於是決定毛毯蓋起來做壞事先。他們的姿勢跟春獸在圖書館用的差不多──男生坐在原位，女生疊到男生身上。在三萬英

呎高空上的黑壓壓機艙裡，他們就這樣飄上飄下地。但是呢，這種「妹樂地」就得小心了，兩人一定要有一個是比較清醒的，才能眼觀四面耳聽八方，通常這工作交由男人來做；但高個男卻與女友一起神遊其中，絲毫不知危險將至，正在悠遊的女友居然不小心按到服務鈴卻毫不自知。「May I help you?」一句溫馨的問候彷彿從雲端傳來，高個男正在 high 頭上，迷迷糊湖地回答：「Oh , yeah！Oh , no, no, no！」恍然間，高個男大概知道誰在叫他了，一睜開眼就看見金髮碧眼的外國空姐曖昧的微笑，「就像看 A 片被抓到一樣」，讓他慚愧得想跳機。

鳥來伯有個女客戶叫春麗（奇怪，這些人一定要什麼春的嗎？），她是某電影公司的影片經理，有一天煞到一位在放映間實習的放映師。「這小鬼不教訓一下是不行的。」那天春麗經理穿得性感誘人，趁實習生走進放映室後，款款尾隨而至，還特意將裙裝稍稍撩起，彎著腰假裝幫忙換電影拷貝。在江湖上滾過一輪的春麗這麼一撩，果然讓這剛出社會的年輕男孩不能自已，前場的試片室還在舉行電影首映，連新聞局長跟台北市長都並列其中，春麗這對好姐弟竟在後面演起春宮秀，兩造都表現出震懾人心的戲劇張力。最後，還是觀眾起立鼓掌才讓他倆收回原神。「喂，放完了！」只見春麗的臉色像剛敷完 SK-II 般紅潤，走回前場拿起麥克風：「謝謝大家的蒞臨觀賞，別忘了各位隨身的物品，本片將於×月×日正式上映，請大家告訴大家！」春麗說到這裡，我才知道她是當天首映會的主持人，薑還是老的辣！

年過三十五的春麗經理，之前曾多次跟我抱怨她與老公的

性愛已無感覺，那次竟意外地在放映間裡一舉荒木長蘭花，讓她為之一振。「我還有救！我還有救！」春麗搖晃著我，像極了天山童姥吃到童男。

　　此後，試片室便成為他們的十分鐘性愛「妹樂地」。春麗總是會挑最後一捲拷貝剛放的時間點進去放映室，這樣就不用擔心最後要換拷貝。實習生的同事去開會或中午休息時，他們就會相約放映室，演出「鳳在前之極限擁抱」，不過姿勢上的調整要很有技巧，還不能全裸，只能用站姿、坐姿或重點局部刺激，事前也得熟練地預演過，一聽到腳步聲就要有反應，還要有本事在十秒內從淫娃蕩婦變回道貌岸然的淑女，果然是在電影圈裡混過的老龍女！

　　比起他們，我除了在砂石車上做愛外，其他就遜多了；不過，像比較經典的「樓梯間」，我當然不會錯過。

　　我的第一份工作是在唱片公司，當時我常覺得公司裡的同事除了在暗無天日的樓梯間抽菸之外，應該還會幹點偷歡之事。後來果然如我所料，公司老鳥向我透漏，其實公司裡大家都有默契，只要樓梯間的防火門被打開一點點，看見地上菸灰缸裡放有點著的菸，就表示有人在做活塞運動，要識相點，請勿打擾。奇怪了，這狹小幽暗的異次元空間，竟然可以當作「妹樂地」？剛畢業的我完全不知道，這些大哥大姐們在做啥？搞音樂的果然頭腦跟別人不一樣！

　　直到我跟公司某個同事看對眼後，他也帶我去樓梯間親親抱抱，我才發現，原來這裡不只是談戀愛的肉慾殿堂，還是八卦集散地；你可以藉由回音聽見其他樓層的部門八卦，無意中

做到敦親睦鄰，不管是進行 1P 、 2P 、 3P 都有職場存在感，唱片圈咩，八卦可是社交的武器，不會八卦你就準備回家吃自己。好幾次，我都是在樓梯間聽到重要的人士調動。

除了這些，樓梯間裡也暗藏危機，雖然大家都有默契在，但我們還是會擔心有人忽然把防火門推開，所以對方只好抽捅得更快，撞擊得更深，把一小時能做的濃縮成十分鐘，差點操出心臟病來，只好虛脫地靠在牆上喘息休息。當然，不管玩得多麼不成人樣，我們一定會記得先整理好服裝儀容，再重返辦公室。

人人都有「妹樂地」，走遍世界各地，只要兩個人拋開一切煩惱，深深沈浸在愛慾裡，不管在哪裡，不管多危險，都是頂級的「妹樂地」！

▌別問我叫什麼

你什麼時候，發現自己會叫床的？

不少女人宣稱自己是因為聽到別人的嬌喘聲，才學會叫床的，喂，這還真的有可能唷！

大學時，我們常一票人到朋友住處吃宵夜，還能免費聽到隔壁傳來「不……不……再下面一點」或是「慢……慢點……喔，會痛～～痛啊……」、「啊，我很……舒服」、「好……好濕，來了……」等春啼，夜半歌聲往往會讓整棟建築的動物精神振奮。尤其聲音綿延悠遠，別說是當事人了，連隔牆的我們都差點集體不支倒地，我當下馬上立定志願，以後一定要如法炮製一番。

除了有樣學樣之外，許多女人基於「不讓對方失望」的出

發點，都有假叫床的經驗。鳥來伯認為，其實這沒啥不好，有時白天過於疲倦，晚上便興致缺缺不想做愛，如果男人硬要求歡，只好應觀眾要求，叫床客套一下，只要咿咿呀呀哼哼哈哈，搞得很像那麼一回事就對了，偶爾還會「假叫真做」——原本不那麼爽的，叫一叫可能就無緣無故 high 起來了！反正男人出汗水猛搞，女人出口水狂吼，抽送完畢後結束，大家都不失面子。

不過，鳥來伯所謂的叫床，不僅止於「哼哼哈哈」的鬼叫，還要能說出讓卵衝腦門或精蟲噴腦境界的話，如：「你看我的淫蕩樣……」或是「喔！你是不是在辦公室也想這樣上我？」總之都在床上了，沒啥不好意思的，大家來比肉麻下賤低級。

聽菜市場阿姐說，她每次叫床都會瞬間像繞舌歌手阿姆附身，把髒話輕而易舉地串入其中，把床上的男人當成占用她生意店面的惡棍一樣罵；阿姐說，男人常因此愛之入骨，事後還會打電話給她，要求她說髒話催情。叫床就是要輸人不輸陣，文法錯誤不要緊，國台英語交雜也很嗆，不知道自己在說啥最有效，能讓對方性滿足的叫床，就是「好叫床」啦！

女人叫床不僅是對男人的最大恭維，更可激發男人強烈的自信心，讓他百尺龜頭，更進一步；就連做愛前必須劃十字、看《關公傳》以平撫心情的虎哥，也能瞬間變成猛獸。而且，會哭的孩子有糖吃，會叫床的女人容易有高潮，鳥來伯以前還不那麼放得開時，就體會到叫床的必要，還不到二十歲就知道叫床五字訣「啊咿嗚耶喔」，重複同一字，然後拉長聲調；對方

抽一下，我就嬌柔地喊一句：「啊……啊……啊～～」，以此類推，不限次數或順序，忌太整齊規律，否則容易像唸經。

後來，時光飛逝，烏來伯也在叫床中嘗到不少甜頭，除了叫床五字訣，還自創品牌加了料，例如「啊……皇上，你何時要去打仗？」或「快點，我老公要回來了……不能被他看到！」等等，編一些八點檔劇情或與現實完全不搭調的場景，會讓男人有恍若隔世的快感！像覡腆如氣功老師，每次都說我叫太大聲，會吵到樓上做晚課的道友，我們只好鑽進被窩，感受古代皇帝和後宮嬪妃在床帷內玩躲貓貓找乳尋臀的樂趣；或是躲進他瀰漫著檀香的衣櫥，在狹小的空間中喘氣頻頻，再怎麼扭抖，只會更貼近對方的身體，而且還有一種到別人家偷情的猥瑣，實在是香豔刺激！

不僅女人愛叫床，男人也愛叫床，而且各有千秋，有時候仔細聽聽，他們只是愛說一些無關緊要的話來壯膽，又因為在床第間，聲音稍微高昂一點，就很像叫床。

砂石車小開喜歡邊做愛邊吃檳榔邊聊天，三樣一起來，拜託！吃檳榔還要說話根本就聽不清楚。他一進入狀況，就開始跟師公念咒語一樣，邊搖屁股邊鬼叫：「等一下晚餐吃什麼？噴噴（嚼檳榔），藥燉排骨？滷肉飯？當歸鴨～鴨～鴨～噴噴～啊啊啊（他正在深入）～～噴噴」，當他「啊啊啊」時，檳榔汁有如「含血噴人」般的降落，搞得好好一張床像命案現場。

不舉男的叫床才是經典，每次他都用想像的，好比說他手指放進來，注意，是手指唷，然後他就會跟著叫說：「說我大！說我大！我來了喔……來了喔，想像我是一艘大船，開進

去……」整整一個多小時，不舉男都是這樣演單口相聲，幾個月下來，我聽得耳朵都長繭了，可不可以閉嘴讓我安靜一下？手指這麼生動靈活，去演布袋戲算了！

長髮小布則是喜歡一邊做愛，一邊分析今晚的政經新聞，從他說話的抑揚頓挫，鄰居大概能猜出我們做到哪兒了，濃縮成一句就是：「軍公教存款的利率，已・經・到・多・少・妳・知～～道～～嗎？」中間的停頓，是他用力探索我的沼澤時說的，後面的延長尾音，則是他正在拉回力道。而氣功老師也有職業病，叫床好像教練在教學生一樣，他剛開始都是不太說話的，了不起就是「呃……哈……喝……」個幾下，但快到頂峰時，他彷彿神靈附身，開始抓著我的臀部，大喝著幾句如「南無喝囉怛那哆囉夜耶，南無阿唎耶」等我聽不懂的經文，然後在射精前五秒大喊：「提氣！放空！調息！」每次都得確定我調息了，才肯傾力放箭射出，只能說他是百年難得一遇的武學奇才，在他的觀念裡，男女交合要是氣沒放對時間，就會走火入魔。

這樣想想，鳥來伯的觀念還是傳統的，我偏愛虎哥那種壓抑著不出聲的大男人調調，僅在最後關頭才大喊一聲，其餘時刻就像是一頭抑鬱的猛獸，在黑暗裡兀自蠻頭苦幹，究竟是神仙的化身還是地獄的使者？沒人知道，但可以肯定的是，虎哥越是這樣沉靜，我就越想挑逗他，讓他發出呻吟；他越照自己的節拍抽動，越不理我，我就越容易興奮，越賣力叫床！

別問我什麼時候發現自己會叫床的——你難道不知道，女人是天生的妓女嗎？

敵明不見得我暗

做愛被打擾，是男女練功的必經過程。

鳥來伯有個朋友跟父母同住，帶男友回家做愛總得用「他來幫我修電腦」等庸俗藉口，才能順利穿過客廳回房。雖然女友直說她的父母只會乖乖在客廳看電視，就算房間燒了也不會比劇情發展來得重要，但男友還是覺得剛剛她爸看他的眼神很怪，真的不會偷聽嗎？

僅僅一牆之隔，演的又是閩南語八點檔，實在讓男人勃起困難。而且房內不時傳進兩老的陣陣討論聲：「啊這個葉安琪說這話是啥意思？」、「斗是那個林安娜不讓她……」、「嘿啊，那個陳昭榮（突然莫名其妙冒出本名）嘛是愛方家怡……」你說，怎麼能把他們視為無物呢？搞不好兩老其實正豎起耳朵

專心聽著房內動靜咧。就算房內的女友再怎麼淫舞浪蹈，男友還是無法放開來大展身手，寧可以後花錢開房間。

但是，不是每個人都可以燒錢去開賓館的。

學生時代，鳥來伯與高個男友只能困頓地在四人一間的寢室裡止渴，男友睡上舖，我們總是等其他室友都外出了才爭分奪秒地草草了事。有次，一招半式都還沒做完，一個法律系室友就殺回來了，我們瘋狂的動作一下子凝固，鳥來伯只好趕快鑽進被窩，留高個男探出被子，倉皇地跟室友打招呼。幽暗的燈光下，那不識相的室友竟然開始跟高個男聊天，從期中考聊到學生會改組……，吧啦吧啦超長舌，高個男的手只能下探到棉被裡掏弄著鳥來伯。

滿身慾火也不是說滅就滅，被窩中的我才不管他跟誰聊天呢，我逕自手口並用攻擊高個男重要部位，我猜，起起伏伏的棉被、噴噴的口水聲和房外的女鞋，已說明了一切。隨著口部動作加快，床舖出現吱吱喳喳聲響，他那白目室友竟仍充耳不聞，不知道他是瞎了還是聾了？還是根本沒發現？「這位法律系同學，你這麼沒有警覺性，以後怎麼當法官判案呢？」我在心中抱怨著。

總之，室友並沒有離開房間的意思，他聊完天，回到書桌前安穩地打著電腦，一副「不知道是誰在打擾誰」的劣質嘴臉；大家都是年輕人，沒必要這樣吧！但我怎麼好意思說啥？畢竟我們把宿舍當炮房。好歹我們有低調地遮掩一下，不像有些同學目中無人，關門上演《CSI 犯罪現場》，槍林彈雨哼哼哈哈擾民不說，還得勞動鄰居故意大聲地關上門窗表示抗議，公德心蕩然無存，所以鳥來伯和高個男算是好的了！

除了被父母或室友打擾之外，恩愛中手機響起，實在讓人惱怒。

　　「做愛不關機，有沒有國民道德啊？」有一次罵完砂石車小開，赫然發現他的手機鈴聲竟是不可饒恕的水晶音樂，喔喔，他在我心目中的形象是難以翻身了！鳥來伯很佩服做愛接到電話時，還能說得氣定神閒的人，甚至邊嘿咻邊跟人家討論股票或約時間唱歌；比較囂張的如自戀小不點，他會劈頭就跟電話那一頭說：「我在做愛，幹嘛？」炫耀到讓人冒煙……

　　我家樓下的管理員伯伯，真的很討厭，每次看到我帶男友回家，就會想盡辦法上來按門鈴找碴，不是瞎掰說要收管理費就是要填電表、瓦斯表。他爸爸好像沒教過他聽到屋裡說「誰啊？我在忙，等一下再來！」最好罩子放亮點，不要才過五分鐘又來按一次。說也奇怪，這些人似乎也很執著，無止盡地持續按著門鈴，逼得你怎樣都得回復人形起床開門，等簽收完畢再變回豺狼虎豹，你說這管理員過分不過分？熱不熱心？

　　不過，很多男人是不經一擾的。虎哥有個黨政高層幹部好友，政治狂熱無以倫比，一到選舉就用力拜票，身負黨的太多壓力與包袱，反而無力做愛。好不容易開票結束，他老兄瘋狂做愛，卻聽到拜票的鞭炮聲：「二號張火旺本人在這邊跟大家鞠躬感謝……」一桶冷水當頭澆下，劈哩啪啦他又洩了！

　　早餐店阿姐信奉最危險的地方就是最容易高潮的地方，十幾年前結婚當天跟伴郎，伴郎喔，跑到廁所偷情，尚未過門先入「洞」房，這原本是火辣刺激的告別單身行為，但伴郎卻沒啥擋頭，每聽到外面有人走過說：「偉仔，幫我拿油飯跟鞭

炮。」他的小弟弟就縮小一次，最後好不容易奔馳得點，眼看就要射擊了，好死不死有人敲門：「便所有人在用嗎？」伴郎嚇得差點腦充血，屌也充血到無法分開的狀況，與阿姐緊緊纏住，久久才疏緩鬆弛下來，搞得阿姐腰痠背痛的。聽說可憐的伴郎心中陰影猶存，之後做愛即使沒有別人干擾，也常突然了無興致，算是亂騎朋友妻的後果。

有時候，打擾並不是外在的。像是男人中途下床翻找保險套久而未果、一聽到簡訊聲就急著想回覆，或是想到新車沒停好可能被拖吊而飛奔下樓移車……等等，這些「不專心」未嘗不是另一種打擾，而且讓女人更覺掃興。

不是每回練功都能排除萬擾，一心一德，我們多半是在險境邊緣爬過；若在半途殺出程咬金時，突然找到敵明不見得我暗的極致快感，這種打擾對做愛來說，也算帶勁有力吧！

▌ 行行出狀元

　　有句話說「什麼人玩什麼鳥」，鳥來伯至今未上過 104 人力銀行網站，卻常能藉由不同職業的人，發現「行行出狀元」的奧妙！

　　這源於我之前交了各種行業的男友，也因為工作的關係，結識了各行各業的男女。有一次大家聊天，發現原來當不同產業的職業病延伸到性愛上時，還挺好笑的。

　　有一陣子，同事為了找電影道具，跑去整人玩具店採購，裡面的店長後來也成為我們的好朋友。據店長透露，他最喜歡搞店裡的新進女員工，還喜歡和她們在店裡做愛。更絕的是，他說：「我喜歡抽考她們怎樣使用『變聲器』！」那是一種氣體吸入器，能把你的聲音迅速變成像唐老鴨的扁嫩童音，吸一次大概可以撐二小時，每次五百元。他說，女店員每次做愛前

吸個兩口，叫床聲就會變得可愛滑稽，就算被隔壁聽到，還會以爲是在播卡通影片哷！這種童音，滿足了男人愛吃幼齒的心態，尤其如果女店員是台妹，吸了之後會鄉土味十足地喊他兩聲「勾狗！勾狗！（哥哥）」這家整人玩具店的老闆和員工公器私用的感覺，還眞盡興呀。

不過，有些職業病配上性愛，倒是讓人想咬舌自盡。

我有個女性朋友的男友是耳鼻喉科醫生，做愛前喜歡用手電筒探照她的盤絲洞，然後一邊用留長指甲的小指頭，往裡頭探囊取物，變態的職業動作搞得女人心慌慌，亂不自在的，「一副非得挖到耳屎、鼻屎般地執著」，他的研究精神讓人敬佩無比。

我聽過最討厭的是，有個日本生魚片料理師傅，喜歡一邊和女人側身做愛，一邊將手背「切」進對方股溝裡來回切磨，把女人的兩片屁股當成砧板上的魚一樣刮鱗、去皮、切割，搞得我那位女性朋友即使沒穿丁字褲也得了股溝炎，眞不知道那些年她是怎麼熬過來的？

還有一個髮型設計師也很屌，每次女友打電話來，他會故意職業性地說：「小姐，有預約嗎？有指定設計師做愛嗎？」搞得女友當下興奮得辦公室都待不住了。晚上做愛時，他還會不自覺地狂摳女友的頭皮，大概是在重溫以前當洗頭小弟時，幫顧客做頭皮按摩的菜鳥歲月。他有時會拿出修髮專用剪刀，幫女友把陰毛梳剃整齊，經過他的巧手，女友的陰毛造型時而閃電或英文字母，時而愛心或翅膀，簡直帥到外太空去了！做愛後，他還會幫女友洗頭、洗澡，並深情款款地調好水溫，手

順著水流輕撫秀髮。唉，女人要的，原來最平凡簡單！

　　比較機車的是，有位朋友的男友是會計師，我們叫他「名眞嘆摳男」。摳男每天算錢算到成精，省錢省到家裡的小狗冬天穿的是他不要的內褲，連買個保險套都得斤斤計較，可以蹲在屈臣氏的保險套櫃前，把十幾種保險套都掃進籃子裡，然後一一比價、看成分、長度、數量、出廠時間，滿滿一大籃挑了半天，旁人還以爲他要辦轟趴咧。

　　然後做愛時，摳男會一直在女友耳邊碎嘴，一個保險套多貴多貴，但不戴又不行啊，怎樣怎樣的，才戴幾分鐘就射，平均一分鐘用掉幾塊錢啊，這些錢一年存下來，就可以再去投資多少張股票……吧啦吧啦。你說，這種人該不該吐他口水？更別提去開賓館了，一定是女友出錢的；如果女友錢包掏得慢一點，摳男就結屎臉。「男人一小氣就弱智，一摳門就變烏龜！」女友悻悻然地跟我們抱怨。

　　鳥來伯有一個學弟，業餘就去當五子哭墓的假日團，他是個天生淚腺發達的男人，而且感情豐富，在許多同學的建議下，他投入這三分鐘快速哭爸哭母的副業，從此 case 接不停，儼然成爲葬儀界的第一把交椅。有陣子學弟 case 接太多，好像一睜眼就要開始哭，一天好幾攤要賺。他女友後來跟我們說，那段期間學弟變得很善感，時時刻刻都在培養悲傷的情緒。

　　有一次做愛到一半，女友覺得氣氛眞他媽的正點，她突然學日劇《美麗人生》的對白跟學弟說：「從這一百公分的高度來看，這個世界好美……」女友說完，腦中繼續盤旋著日劇裡

杏子與佟二賞雪的畫面。突然，耳邊傳來嚶嚶抽搐擤鼻涕的聲音，就像雪夜出現在屋簷下的女鬼一樣悽楚。她抬起頭，天啊，學弟竟然傷心地哭著說：「真・的・太・感・傷・了！」還不只是黯然落淚，而是肩頭抽搐那種。女友想試著跟他解釋，學弟竟然很任性地搗著耳朵說：「妳讓我哭，妳讓我哭個夠！」就是很執著，下班回來還要演下去就對了！

　　輪到我了，我搬出光頭佬。我一直沒向各位說，光頭佬其實是個腳底按摩師，傳承家業的他，年輕時就精通身體穴位，高強的功力簡直是童年時的楚留香再現江湖。

　　第一次去光頭佬家裡開的腳底按摩店，我就被他煞到了，別家都是老先生在服務，這家卻是年輕按摩師！尤其，當光頭佬俯身按捏我的腳，用清涼的精油按摩時，習慣被老頭子捏腳的我竟然出奇地害羞，下半身都快飄起來了，再加上我吃的力道很重，他必須很費勁地捏，我才會有感覺。事實上，號稱「鐵腳板」的我，已經按退了好幾家店的師傅，這些江湖術士根本沒有精準地按中穴道，就算有按到，也跟搔癢一樣，讓從多年前就開始每週一次腳底按摩的我，一點感覺都沒有。

　　只有光頭佬，給我快意舒暢的感覺，尤其按到腳後跟的「生殖穴」時，我更是發出腳底按摩以來的第一次尖叫，什麼叫做拳拳到肉、刀刀見骨，那比什麼愛撫還夭壽，讓我體內淫邪激素頃刻劇增，加上心裡緊張，底下更顯得窄緊。楚留香反覆地施功，鳥來伯很快就有控制不住的感覺，牙縫裡的玉米差點噴出來做冷盤！這……這……剛剛按的，就是傳說中的發春穴吧！我當下就發毒誓：「這男人我要定了！」

後來戀愛時，每次光頭佬來我住處，都會先幫我腳底按摩，我坐椅子，他坐地上，從他那角度，我的底褲可說是一覽無遺。他常常按著按著，就瞬間慾如火熾地將我的腿撐高，一邊兇狠勇猛的抽聳，還一邊用單手做腳底按摩，他會問：「還有哪裡要按？還有哪裡不舒服？」好一個中國傳統醫學達人啊，如此強烈感受到一個男人侵略性的疼惜，這還是頭一遭！

　　自光頭佬以降，我的男友不管吃啥頭路，全部都要會腳底按摩才行，要有本事把我從腳底癱軟到頭頂，才夠格讓鳥來伯考慮留他在身邊！

▌給我一個做愛的理由

　　男人常為「做愛」找理由，女人常為「不想做愛」找藉口，情侶間搞這種心機，有時還挺麻煩的。

　　拿我的例子來說吧，我絕非性冷感的女人，但是有時候對性愛還真的沒啥胃口，上班累都累死了，回家後還要翻天覆地，光想就快流淚。如果不是為了減肥，我是很討厭下班了還要揮汗賣力做愛的。

　　而且，當戀情進入老夫老妻階段，不再需要用肉體來鞏固感情時，我甚至還會很明白地勸說精蟲衝腦的男友：「自己看A片處理比較省事啦！」我也常採取以下兩種方式：一是硬著頭皮上，二是打死不幹，抵死不從。我承認不想做愛是因為懶惰，不過有時看在男人勸得苦口婆心份上，也會於心不忍，反

正平常他對我不錯，大家互相配合一下也不會死。

只是，當瞌睡蟲不敵精蟲時，場面就不是我能控制的了。鳥來伯好幾次摸著不舉男時，靈魂竟然開始出竅，雲遊四海，然後，就睡著了⋯⋯。比較好的狀況是自己突然嚇醒，瞬間回到愛撫現場，意識到自己還在做愛，只好裝作什麼事都沒發生，繼續未完的手技；不過更多時候是我被對方叫醒，我嘴邊流著口水，不知今夕是何夕，手裡還緊抓著對方已經疲軟不振的老二，這種失智的現象常讓不舉男瞠目，以後只要我一喊累，他就自動放棄做愛。

有一次，我最喜歡的九點檔剛好完結篇，好死不死，自戀小不點在八點五十五分求歡，我進也不是，退也不該，後來只好談條件——我陪他愛愛，他讓我看電視。這種「桃色交易」讓他感覺刺激又興奮。

過程中，我一直採取跨坐在他身上的騎乘式，因為電視在他後方，我頭繞過他的肩膀就能看到螢幕。他奮力衝刺，我則完全陷入自己的戲劇世界中，廣告時間，我還會轉台。只是，我入戲至深，有一幕，亡命天涯的兇手竟然出現在主角的宅院裡，緩緩從後面靠近唯一生還的證人，當黑影慢慢接近，眼看就要得逞，說時遲，那時快，我兩腿一夾，緊張地大叫：「背後！背後！」正在拼死拼活的小不點，樂得一下子「唰！」地把我翻過身去，趴在我背上，壓著我說：「哈，妳終於想換姿勢囉，我腳快痠死了⋯⋯」搞什麼啊，「換屁啦！我是說秦楊（劇中人）啦，快把我轉過來，演到正好看⋯⋯」愛換姿勢的小不點有些悻悻然，但還是繼續讓我騎乘下去，讓我看完電視，

大家各取所需，愉快得很。

　　不過，聽不懂人話的男人也是有，遇到粗魯的男人真的很衰，他們好像非得把女人煩出個死活才肯罷休。

　　有一次，砂石車小開半夜想霸王硬上弓，三更半夜把我搖醒。「吼！人家明天還要上班啦！」但鳥來伯屢次舉牌警告無效，小開的「肖症頭」已讓我覺得不被尊重，便決定跟他拼了。我先是答應讓他「進來」，但等真正做起來時，我就死魚般躺在床上動也不動，他像搬運屍體一樣把我的腳抬高，他一來，我馬上羊癲瘋發作：「哎喲，人家不行了，好爽唷……喔！」學 AV 女優亂鬼叫浪叫；小開疑惑地看著我，想說他都還沒撞擊呢，這肖婆在嚷啥？我繼續鬼喊：「嗯……別動，我……沒力了……完了……我完了……」翻白眼加喘氣頻頻，還在空中亂抓他，且忘情的跟殺豬般吶喊著：「我到了……我到了……」將手指陷入他的臂肌。

　　要知道，當男人什麼也沒做時，我卻如此才華洋溢地喊叫，是很令人倒胃的。不一會兒，我就發現小開軟了。「吵死人了，鄰居都在睡覺妳知道嗎？」他說，他做不下去了，氣氛冷得好比太平間，他只好尷尬下床抽煙，垮著臉，默默穿好衣服。鳥來伯那天的「情境表演」聽說讓小開髮指至今，再也沒有看 A 片的勇氣。看吧，就說不要逼女人，不怕死的人往前一步啊！

　　其實，很多女人在這方面是遇強則強，遇弱則弱的，如果男人求歡態度還算溫和，女人多半不會故意刁難，而會平易近

人一點，最終希望是兩全其美。而且，看到男人因渴望我們的美好肉體而痛苦，就會激發女性的虛榮感和存在感，心一軟，腿一開，也就睜一隻眼閉一隻眼了。

「男人想做愛」跟「女人愛逛街」一樣，男人很多時候情非得已陪女人逛街，忍受著腳痠與眼睛脫窗的折磨，一家店逛過一家店；如果男人可以陪女人逛難逛的街，那麼，女人為何不能陪他做一段愛呢？

男人為「做愛」找理由，女人為「逛街」找藉口，我們就這樣周而復始地找到快樂！

Chapter 4

香蕉新樂園

非關長短

（這一篇是男人就必看！請特別折起來）

　　在籃球場上，夠長、夠大、打得夠好的男人，叫「空中飛人 Air Jordan」；那麼，性愛之間，夠長、夠大的男人，一定就是「床上性神」嗎？

　　只要是男人，都一定會對「長」這個字特別敏感，就好像在女人面前說到「瘦」一樣讓人凸眼──女人即使已經很瘦了，卻死都還想要更瘦；這跟男人追求「什麼長，長上了天」的心態是一樣的，女人雖然覺得無聊，反正「是我在用又不是你在用」，不管怎樣道德勸說長不長跟神不神無關，但男人從勃起的那一天起就開始很在意，跟以前高中時向教官計較那幾公厘的頭髮長度一樣堅持。

就許多女生的經驗，身高跟老二的確有些關聯，沒辦法啊，總不能叫一個矮子有根「長槍」吧，那勃起時多像第三隻腿！也不能叫高個子塞個「短箭」，那比例多怪呀，有沒有勃起都看不出來！我必須聲明，造物主真的有他的審美觀，但是，十個男人有九個半很在乎，把老二長短看得跟「貞潔牌坊」一樣死命護住，誰敢質疑他的長度，他就跟誰有殺父之仇。

　　鳥來伯其實是不會在乎長短的女人，對我來說，短一點的反而比較好，因為「吃香蕉」比較方便。吃短蕉時，脖子比較不會痠，不用在那邊上上下下的滑半天；你知道的，有時候太長的香蕉，還得跟彈古箏一樣，頭上下左右轉，累死老娘！而且，長蕉卡在喉嚨也很討厭，活像減肥在催吐，好幾次剛吃飽飯，我都差點嘔出來，想必很多女生都有這種恐怖經驗。

　　記得我以前跟高個男這個「長蕉天王」交往時，每次口交我都覺得自己像在表演吞劍，只差沒給他撐起來在天空甩而已，有時深喉嚨深到底，猛一抬頭，血液一下子逆流，差點腦充血哩。你們這些巴不得自己老二跟縱貫線一樣長的男人，到底懂不懂女性的心聲啊？那時候，高個男還會故意把我的頭往下壓，讓我每次都冒著生命危險幫他「吃香蕉」。老兄，你要我撐破喉嚨就對了是嗎？

　　相較之下，鳥來伯特別喜愛幫小不點吃香蕉，但如前面所說，小不點是世上第一名的「貞潔牌坊」護牌手，女人絕不能在他面前提到「短」、「小」這種敏感字眼。

　　記得某一次跟小不點做愛時，因為他很喜歡換姿勢，所以一抽出來，我就會看他的老二一次；不知道是我被雷親到，還

是光線的問題，我總覺得他的老二每換一個姿勢就短了一點，像雪糕一樣越舔越短，當然那絕對是我眼睛瞎了，誰會邊做邊縮短，又不是孫悟空。但我當時真的滿腹疑惑，完事後，他主動和我討論起剛剛的風月，我看氣氛時機都對，該死的我竟然跟他說：「你很棒，可是卻越來越短……但是啊，只要兩人的性生活愉快美滿，對尺寸就不會耿耿於懷……」不知為啥，從這一句的「但是」之後，小不點的臉色就變了。「我哪裡短？哪有越來越短？」他突然失心瘋地抓著我的肩膀邊搖晃邊問邊鬼叫，跟瓊瑤連續劇《梅花烙》裡馬景濤問陳德容說：「妳快告訴我，妳不是那狐狸，妳快告訴我……」一樣的戲劇化。「你不短，你不短，只是有一點越來越短……」靠！我到底在說啥啊我，我越描越黑，乾脆把保險套吞進肚子裡自殺算了我。

我們就這樣氣呼呼的分手了，小不點那句「我哪裡短？哪有越來越短？」跟魔咒一樣，從此在我腦海裡盤旋。我比較成熟之後才知道，打死都不能在男人面前說他短，不過好在，當時小不點沒把我先姦後殺，我藉由此篇文章對他致上最崇高的歉意：你不短喔，小不點！

其實這還不是最難搞的，「計較長短」的排行榜第一名是不舉男，我最怕他偷吃威而剛了，我不是怕做愛會累喔，而是怕說話會累。

原本就很愛唬爛的不舉男，難得勃起後，就像拿到執政權的政黨，說話開始嗆聲起來。不管他是長是短，都喜歡在床上一邊抽送一邊問：「我長不長？」，「長！」第一次嘛，我就好好配合；過一下子，他又問：「我長不長？」，「很長啦！」第

二次了我有些不耐；再過了一會，不舉男：「我有沒有很長？」，「有！！！#$%^&*」，問八百次我還是說你長；不舉男再接再厲：「真的？很長？」，「你聾啦！有夠長⋯⋯」，第八百○一次，我翻了白眼，真是睜眼說瞎話的自我催眠秀。不舉男接著問：「久不久？」，「久～～」殺人喔，我真是配合到底，回答得特別高昂大聲。最後一次，不舉男問：「真的好久對不對？」夠了，煩了，這次我沒啥考慮，就冷冷地說：「還好⋯⋯」他也終於閉嘴了！事後很多男人提醒我，這樣說會讓對方恨我一輩子！

哎呀，不管啦，鳥來伯最討厭男人愛計較，床上難道不能說點別的嗎，只會長來長去的，膩死了！而且，就算男人確定自己的尺寸有達到讓女人覺得爽翻的地步後，他還是會繼續擔心別的，例如久不久？粗不粗？直不直？奇怪，那根東西又不是拿來曬衣服的，管它有多長？床第之間，還有比「尺寸」更重要的，叫做「感覺」吧，怎麼就是沒有男人看透這一點？

男人聽清楚，女人看男人的陽具尺寸，就像男人看女人乳房一樣，沒個絕對，奶大卻性冷感的一堆，鳥大只夠做三秒的也不少。高潮強弱和老二大小沒有絕對的關係——這是我征戰多年得到的寶貴經驗，請各位男士信我這一次，決戰重點還是在技巧上。來，跟我念一遍：「長短是屁！技巧為大！」

長短，是一定可以感覺得出來的，但是，性愛方面，我們女人才不管男人是長是短，能夠鞠躬盡瘁、死而後已，死屌當活屌操，給我做出愛的感覺，這在女人心目中才是永遠的「Air Jordan——愛ㄟ揪長」！

真假老二大車拼

按摩棒百百款，哪一種才是你的最愛？

記得生平第一枝假弟弟是郵購來的，A片看了這麼多，終於可以體驗那是什麼滋味了。它是用類似血壓計的暗紅色月光寶盒裝著，整枝包在緞面的布裡，外頭還用毛筆楷書寫著「降龍十八棒」，喔！實在是台到一百點，可是……一拆開包裝，親眼目睹假陽具的形狀我就傻了。說真的，我挺不習慣那種用真人模型去製作的逼真假陽具，尤其是上面的橡膠筋絡血脈做得維妙維肖，顏色也呈現晶瑩剔透的肉色，我最怕了！偌大一隻放在房裡，實在很像被分屍丟棄在荒郊野地的器官，是誰忘記把老二帶回家啊？這種「屍體老二」並不會讓我特別興奮，反而很解 high，過不了多久，我就丟給小狗當玩具啃了。

除了形狀的困擾之外，有些電動按摩棒的聲音也挺折磨人的，要把轟隆隆響的大隻佬放進身體，對鳥來伯來說需要很大的勇氣。這應該源自於我對機械類產品的恐懼，尤其這種鑽進鑽出的聲音，常讓我聯想到電鑽，差點陰毛冷汗直流。

　　好在，這幾年的電動老二已經改良至「靜音裝置」了，不然夜闌人靜時，光聽到如德州電鋸殺人魔的聲響在耳邊持續二、三十分鐘，就夠躁煩的了，再加上左彎右拐到了 G 點，「啊～～」一陣淫叫讚嘆聲，在外面看電視的家人，聽見了不臉紅心跳才怪！除了嘰嘰叫的聲音，按摩棒最麻煩之處，就是找不到地方藏，它的體積又長又大，雖然有月光寶盒，乍看之下還是很詭異，我覺得我娘大概早就發現了吧……

　　鳥來伯是高科技白痴，遇到要用電池、交流電的多段變速電動陽具，常會心生隱憂，若非血氣方剛或緊急需要，我才不會輕易使用。我怕笨手笨腳地亂捅，萬一突然漏電，那一根就像石中劍般倒插在身體裡，一命嗚呼還不打緊，躺在床上死狀淒慘，手腳發抖，陰部焦黑……啊！想到就丟臉。

　　除此之外，讓我最氣的是，有一次電動陽具玩到一半，電池居然沒電！剎那間，天地變色，這……我是在跟老人做愛嗎？自排果真不如手排有趣。除了電力會中途掛點，但仔細體會後，發現轉動和震動功能只是為了營造入珠的感覺罷了，坦白說，真的沒啥差別啦，有紋路或是有突起的狼牙保險套就很夠用了！所以鳥來伯比較喜歡用最基本的免電力按摩棒，如矽膠作成的可愛形狀老二，造型有海豚的、小蟲的、土撥鼠的或美人魚尾巴的，雖然還是得替它們穿上雨衣再使用，但至少安

全無虞，視覺上也沒這麼怵目驚心，而且材質不是橡膠的，就不會發出像死老鼠的塑膠怪味。

有時候，假陽具的硬度也常讓我頭痛加陰痛，很多人都以為越硬越好，錯！如果太硬的東西擱在裡面，遇到女人高潮時陰道收縮，就很容易會痛到欲哭無淚心茫茫；加上本人「妹妹」比較緊（咳咳……），一般假陽具尺寸都做的比較大，硬擠下去簡直像要生孩子。

鳥來伯有個女性友人，素以「按摩棒達人」著稱，她說呢，其實香蕉才是女人的好朋友，物美價廉，軟硬適中，只需要找一根大小適中的香蕉，套上雨衣就可以自己攻頂了！切記撇步是，香蕉彎彎的地方一定要朝上，慢慢進去就會找到 G 點，要九淺一深都隨便妳，事後還可以吃掉毀屍滅跡，沒人會發現。當然，她都把探險後的香蕉放回餐桌上，最後全被不知情的家人吃下肚。所以，到她家我從不吃香蕉的。

情趣玩具這種東西，不是只有單身的人才可以使用，女人有了男友的真弟弟，還是可以跟假弟弟交個朋友，雙管齊下，只要找到了重點，什麼都好談。不瞞您說，假的反而還比真的更容易找到 G 點，當妳擁有一根寶杖之後，哇哈哈哈，完全不用等男人硬，或是費心挑逗男人，也不用在男人技術不優時，自己還得繼續裝賣力，更不用怕遇到陽萎不舉或有菜花、愛滋的男伴；只要妳想，妳就可以盡情地用到整層樓都跳電了也沒人管。

對了，在此建議情趣用品廠商，不妨研發出可以噴出精液般的暖水假陽具，相信小妹妹喜極而泣的程度將絕對是空前絕

後，畢竟，假的真不了，屎這種東西就是要燙啊，燙才是王道，不燙就不是好屎！

　　假老二雖然是許多女人想廝守到老的伴侶，但鳥來伯還是真老二的支持者，畢竟愛人真實的體溫和充滿感情的碰觸，才是假老二取代不了的重點所在啊！

▌只在「齒」山中

　　小時候算命仙曾說，鳥來伯將來是個靠「手」跟「嘴」吃飯的人。憑良心說，女人要搞定男人，還真得「手」跟「嘴」並用呢！

　　記得以前看過邱淑貞演的《慈禧外傳》中，少女慈禧向「迎春閣」和「怡紅院」裡的紅牌妓女學習媚惑男人的招數：除了撒嬌逗人開心之外，妓女猶重「口、舌、齒」三大陣頭的口交技術，技巧越高明的妓女越紅，越能讓男人流連忘返，讓乞丐都能跟皇帝一樣飛龍在天！

　　記得虎哥的員工春猷說過，他女友每次前戲脫衣服前，總會用繩子將他的雙手縛住，用嘴和舌頭慢慢剝捲掉他身上的衣物，同時用牙齒磨刮大腿內側及鼠膝部，順手牽羊刺激一下他

的敏感帶，「不管從任何角度看她匍伏呼吸，都受不了！」春獸滿意的說。女友還會用媚眼直盯著他，咬下自己的衣衫，牙齒一寸一寸輕輕啃嚙自己的肌膚；肌肉與唇肉相碰的「啵吱」聲、嬌媚的神態與輕咬後的暈紅印記，讓他興奮到幾乎可以將繩子撐開，慾望像餓狗看到食物般，渾身發抖、高聲叫跳！

　　從那時候起，年輕的鳥來伯也立志要「咬出一片天」，我開始拿玉米或是熱狗沾蕃茄醬練習吸吮，或是拿麻糬或 QQ 熊軟糖練習咬合。唇舌的糾纏算是初級班，牙齒最難操控的傢俬，那種能載舟亦能覆舟的力道拿捏很難解釋。

　　有一次，氣功老師正在修禪，鳥來伯開得發慌，天啊！跟氣功老師交往，就註定要當「古墓派」嗎？我不甘心，於是起身用兩顆犬齒在他脖子上切切唆唆地磨蹭，然後以門牙跟舌尖分別在耳垂與耳後輕刮，他把眼睛睜開瞄我一下，又閉上眼睛。接著我吹氣又換氣，雖然我猜他可能過不了多久，就會把至尊鞋踢開，暈死在我的嬌喘呻吟中，但我還是不能大意，對這個唐僧來說，鳥來伯得繼續下猛藥。

　　於是，我的舌尖順勢而下，我的頭探進他那很大件的飄飄功夫裝裡，在他的乳暈上細細舔弄著，一下子用牙齒輕輕咬著陽剛突立的乳頭，一下子又張口吮住，「娑婆摩訶阿悉陀夜，娑婆訶」……不要懷疑，這就是他發出的出家人興奮浪叫聲，別理他，好戲在後頭，革命尚未成功呢。

　　鳥來伯既然要徹底摧毀，那麼至少應該壞一點，應該讓氣功老師身心俱碎、體無完膚才算完美，我繼續往下走，用火熱熱的舌頭圈緊著他那彷彿曾過過香爐、點過戒疤的小弟弟，然

後咕滋沽滋……開始啜飲。「訶菩提薩埵，薩婆薩婆，摩囉摩囉」他越唸越快，佛祖幫不了他到西天，但我可以！我使出小龍女的最高絕技，用舌頭舔弄龜頭的周圍，並用舌尖旋轉觸碰龜頭溝，再輕輕柔柔地用牙齒咬，這樣，我對它表面最細微的起伏，乃至於極輕微的反應，都會變得瞭若指掌，搞不好還比氣功老師瞭解得還透徹咧。

我不敢抬頭看四面八方的神像，我只是細膩地、不疾不徐地、紮實地幫他口交。忽然，「噹！」禪堂的鐘敲了一下，不知道哪裡放出了「色即是空，空即是色，受想行識，亦復如是……」的頌曲，氣功老師好像聽到主打歌一樣，身體隨之擺動了起來，老二也跟著音樂韻律上下滑動，搞得我不得不跟上節奏。當主歌進入副歌，唱到「不生～不滅～不垢～不淨～不增～不減，是故空中無色」時，節拍有點慢，適合九淺一深，旋轉磨擦的口技；而到了「得阿耨多羅三藐三菩提，故知般若波羅蜜多」時，速度開始變快，像饒舌歌，適合「Check In」、「Check Out」拔進拔出的那種。鳥來伯突然頓悟出，原來，佛曲還挺適合這種情境的！

果然佛曲播放到一半，氣功老師就已呈現激盪酥麻的狀況。過不久，他像通電般地一躍而起，釋放出加持過後的勁道，而鳥來伯則湧泉以報，我們神雕俠侶，終於高潮迭起直到極樂世界！後來，我還聽說有佛曲的廣 high 版咧，如果在道場邊放邊做愛，一定讚爆了！

我有一陣子矯正牙齒，戴著上下兩排亮閃閃的鋼牙套，大家除了問一些吃喝上的問題之外，最好奇的就是親熱時會不會

發生「飛機撞樹幹」的慘案。記得第一次戴著鋼牙套碰到虎哥的乳頭時，不知道是因為敏感區域還是牙套的關係，身經百戰、刀槍不入的虎哥突然打了一陣寒顫，大概是覺得乳房在鋼牙套的碰觸和包裹下挺危險，不小心隨時有「斷奶」的可能。

我磨蹭了半天，好像在試探虎哥的膽量，但我看他好像快要拔刀砍人了，索性還是算了，萬一稍有不慎讓他被鋼牙咬到，「虎弟」真的會痛歪吧！而且，姑娘我齜牙咧嘴地，牙套一陣青光一陣白光地在兩腿間滑來滑去，實在像極了「龜頭鎖」，虎哥的老二不軟死也只剩半條命！

可是，不咬出一片天我又不甘心！那段期間，我做愛喜歡在上位，然後以「鴛鴦交頸」的頭部姿勢，任性地趴伏於虎哥的肩背上留下齒痕，吮舐到不禁懷疑起自己有虐待傾向。虎哥也覺察到我十分投入於練口活兒，所以他在下方也得特別賣力地呼應我，漸漸越來越亢奮，終於，我的「狂咬」伴隨著虎哥聲嘶力竭的「狂吼」，不知道是他太爽，還是我咬太用力？總之，這是虎哥第一次不去理會房外有多少小弟在看門，逕自嘶喊了起來！

唉，要虎哥叫床，等三輩子都等不到喔！他那一次竟然打落牙齒和血吞，在攻頂成功後仰天長嘯，走出房門；而鳥來伯也神氣得很，在小弟們面前走路有風，更確立了自己「黑市夫人」的地位，「叫大嫂啊！」我心狂喜！牙套拆掉前，我都沒停止過這樣的「打牙祭」儀式。

有一次，虎哥的肩膀上浮現明顯的咬痕，不知情的檳榔攤小妹看見還白目的問虎哥是不是曬傷。「我女人咬的！她很爆！」虎哥神氣地說。

在男人身上留下愛的咬痕，其實是滿足自己對男人的占有慾與擁有權，是一種強烈的領土宣示，提醒任何想勾引他上床的女人，不得輕舉妄動。更像是精彩鏡頭重播——每次看到咬痕，就激起做愛的狂野。

▋一樣人養百樣屌

男人的小弟弟千奇百怪，就像女人的乳房，橫看成嶺，側成峰是很常有的。

鳥來伯曾遇過長得很像「小黃瓜」的小弟弟，長是夠長，頂得到花心，無奈卻因為太細而碰不到花瓣邊緣，感覺很像在婦產科看內診一樣——細細的探針緩緩進入，東摳西探卻全然碰不到陰道壁，只有一陣茫然空虛湧上心頭，很想問：「喂，你到底檢查完了沒？」除非對方可以很善良地用手指來輔助，讓彼此都幸運地達到高潮，不然，一整場下來，只是在池塘撈蝦中度過。最恐怖的是，女人還會拚命被逼著要叫出：「你好粗！你好大！」等違心之論，搞得身心受創，從此怕透了筷子、牙籤、吸管或原子筆等細物。

遇到「蕃薯」小弟弟，情況就沒這麼差，雖短但夠粗，只是剛開始不知道情況，我還會一直跟他說：「你可以再進來一點……眞的，再進來一點……」直到換過了好幾種瑜珈姿勢，兩人的底盤已經扭曲到像連體嬰般地緊黏在一起，他怎麼還是沒進來呢？！這時才知道，原來問題出在距離，是距離啊！短兵相接接不到啦，唉唉唉，距離無法產生美感，只會產生腰痠背痛感！

　　而這名男子也是罕見的「勃起前後長短改變不多」的一寸法師，所以「做愛後陰莖感傷」的情況並不多見（其實事前事後都滿感傷的，根本沒有太大落差。）窮究烏來伯的經驗而言，這種「蕃薯」角色短小精悍，是標準的台灣猛哥，雖無法直行奪標，卻生猛過人，女性朋友絕對不可輕敵或輕言放棄！

　　除了長短、粗細之外，前男友中，有位「Mr. Donut」也算驚爲天人。基本上，小弟弟多少都會轉彎，但是這號人物陰莖轉彎的程度，已然躋身爲甜甜圈達人，不只是偏斜，稍微硬喬一下，還能咻咻咻地整條狠狠圈起來的！外表雖然詭異，但是Mr. Donut 進入體內時卻爽快異常，彎曲的陽具很容易對陰道造成刺激，就像一條大蟒蛇在幽暗曲迴的水洞裡蜿蜒前進；快感雖不像直搗黃龍那樣確切，但左彎右拐中反而有按摩棒的觸感，算是人間極品。

　　除此之外，聽阿姐說過一種「球棒小弟弟」，中段粗大，前後兩端細，進入太緊的女膣常會有「卡陰」的危險。而「大頭鳥弟」則是頭殼過大，擠不進一般 size 的保險套，必須用大號的，但是當套子撥到陰莖又顯太鬆；若用尺寸剛剛好的套子，

頭部必定會緊到爆，兩權相害，光試保險套就累到想死。

最絕的是「雙頭龍大王」，勃起後頭部會自動微微分岔，呈現兩個不是很明顯但卻很特別的小頭，好像《星際大戰》裡的未來武器。我那個堅持守貞的基督教女性朋友，第一眼看到就沉迷了，正在口交的她頓時決心背叛上帝。她描述說，不戴套子時的感覺最鮮明，兩邊岔口分別磨到陰道時，就像兩個迷你的先遣部隊，緊接著後面再滾進整條大龍，在雙龍吐珠的瞬間，「那種愉快的感覺，原來就是神所是不允許的啊！」她不禁激動地喊出：「阿們……」

我有個愛好敷臉保養的女性朋友，她看到男友充滿皺摺又不平滑的小弟弟，居然興起了想幫它去角質或磨皮的念頭；還有人遇過「滿天星」型的，整根小弟弟布滿了黑痣，因為實在太密集了，乍看之下，顏色十分黝黑，好像是黑人朋友。傳說在性愛排行榜中，這種「黑武士」可是頗有擋頭的名器呢！

鳥來伯的妹妹曾經交往過一個「船老大」，就是龜頭部分往上揚翹的男士，這款小弟弟堪稱珍寶中的珍寶，不需啥技巧，直接放進去就很夠用了，只可惜船老大有一對超大超下垂的蛋蛋，搖擺抽送間，常常甩打得鳥妹妹下面奇痛無比，除非熱愛SM，不然即便是銅臀鐵陰也逃不過烏青的命運。

最具挑戰性的，莫過於「穿環小弟弟」。一想到要被亮晃晃的銀環穿進穿出，就算是龐克惡女也會倒退三步，但是，聽試用過的女性朋友表示，愛愛時銀環透過保險套，竟會意外地帶來神奇的摩擦力，尤其聽到它匡啷匡啷地在洞穴中撞擊，拳拳見肉，奇妙的力道簡直叫女人上癮，最後還勒令男友不准拿下來咧！

朋友啊，別再爲了怪屌而神經兮兮了，好嗎？大弟小弟是沒啥標準答案的，性愛就是一種追尋、混搭、互補的過程，只要能遇到契合的伴侶，只要還溫柔坦承，只要願意用其他技巧補強，就算是火星人小弟弟，對女人而言，仍然都是「優勝美弟」啦！

▊ 圓滿的愛

不知道大家心目中，有沒有理想性伴侶的長相？

男人大多希望女人擁有「奶澎、腰束、屁股硬叩叩」的外表吧；而鳥來伯在床第間，卻希望對方是個胖男或鬍鬚男，我想，是嚴重戀父情結使然。

許多女人都不喜歡男人的肥肚腩，但我正好相反。體態豐滿的男人總給我發育充分，內分泌正常的良好印象。每次看到男人隆起的肚腩，我就興奮的荷爾蒙溢出，尤其啤酒肚對我而言更是上乘之選，有著碩肥可愛屁股的發福男，更是我的性幻想 No.1。

我小時候，常常在夜市看著年約三十的鹽酥雞老闆，頂個胖嘟嘟的肚子，在發光發熱的攤子前親切地對我說：「妹妹，

要加辣嗎？」我當時好想跟他說：「叔叔，肚子可以借摸一下嗎？」如果可以，讓他順便把我炸酥了都沒關係。高中時，正值青澀年華，清湯掛麵，鳥來伯每次穿著制服經過那攤鹽酥雞，就會偷看一下已經四十幾歲的老闆。「啊！他的肚子越來越圓了……」有好幾次，我站在攤子前等老闆炸好鹽酥雞，眼光卻無法克制地直盯著他的肚子，還幻想一旁切甜不辣的老闆娘每晚伏在那肥肚上面做愛的樣子……，我有時還會想：「他們攤子缺不缺工讀生呢？」這大概是我最年輕時的春夢，多年來一直深藏在心中。

虎哥是第一個實現我「胖男春夢」的男人。當他撲向我時，讓我腦海裡突然浮現出多年前的那位鹽酥雞老闆。

虎哥從不知道，爲何我那麼喜歡用身體的每個部位去觸碰他圓滾滾的肚子。我總像小孩玩大球似的，用小腿去摩娑，用乳房去撩撥，「妳對阮腹肚有意見嗎？妳這查某囡仔，老了就大腹肚！」我不管，不管虎哥怎樣虧我，我就愛霸道地坐在他身上，猛烈地搖晃腰肢，手舉得老高，讓下體一推一進，更加緊密地和他結合；我在虎哥那肥嫩滑溜的手掌包裹挑弄下，乳房彷彿果凍一樣搖搖晃晃；每次做愛後，我都喜歡橫倚在虎哥的肚子旁邊聊天，看著虎哥一邊抽菸，眼睛慈祥地瞇成一條線，像極了鳥來伯小時候坐在爸爸膝蓋上的幸福時光……。

很多人對我的肥男審美觀不予置評，他們認爲這樣女人會被壓死，殊不知，這可是兩碼子事喔！因爲，在「傳教士」時，男人的力道不會完全放在女人身上，男人是半騰空的，懂

嗎？如果完全壓覆在女人身上，是要怎樣衝衝衝呢？而且，姿勢是可以改變的，有時想想，這些說鳥來伯會被「神豬」壓死的朋友們，是不是都只會一種招式呢？

對年輕的男人而言，身上的肥肉是天敵，恨不得去之而後快；對鳥來伯而言，那卻是成熟男人的魅力泉源，不論哪一任男友，我都希望他們能增肥，越肥碩我就越能享受性愛，單看男友的身材變化，就可以知道我們感情進展的深淺。我有時在想，這會不會是我的「水瓶座」命格在作祟？越是邊緣的性格，越是冷門的特徵，就越容易將我撲倒，輕易地讓我墜入那黑洞裡，就跟童話故事《愛麗絲夢遊仙境》一樣。

但是，有時候我的標準也很世俗。除了肥胖，鳥來伯覺得男人的鬍鬚也很致命，很多女生應該也有同感。在我心中，鬍子刮得越乾淨的，越適合做丈夫；鬍子蓄得越邋遢的，越適合當情人。

螢幕上出現的鬍鬚男，總有一種似有若無、玩世不恭的男人味，因此讓很多女人為之斷魂，比如蓄著馬匪式小鬍子的貝克漢，油頭粉面不打緊，那結實的雙腿，正誘惑著女人們讓他進攻射門！但是，禿頭鬍鬚男就不算了，雖然禿子好像都喜歡留鬍子。

蓄鬍的男人就好比穿魔術胸罩的女人，可輕易觸動異性的視覺神經。對我而言，鬍鬚跟陰毛一樣，只可以讓自己的女人看，不能讓別人看。鬍鬚是性器官的一部分，只能在床第間出現，所以鳥來伯最喜歡看到男人出門前，在鏡子前將臉上塗滿刮鬍水，專心致志地將鬍鬚刮得一乾二淨，我認為那是男人對

我表示忠貞的方式；只有值得信任的男人，我才會讓他留著性格的鬍子出門。

男人每天都會長一點鬍子，只要進了烏來伯的床帷，那天就不必刮鬍子啦，我喜歡男人的下巴有剛長出來的短鬍渣，那真是荷爾蒙發達到無以復加的表徵。我超愛那種被小小刺刺的鬍渣碰上「黏膜」的觸感，痛乎！爽乎！

我心中的鬍鬚男首選，其實是光頭佬。

當他的嘴唇在我臉上吻來吻去時，鬍鬚就像是萬隻螞蟻挑弄著我，然後他再用嘴慢慢解開我的衣鈕，我就像一隻乖順的綿羊，準備迎接一場劇烈的肉搏戰。

「為什麼光頭配鬍鬚比較正點？」我曾被問到這問題，朋友們還列出許多光頭留鬍子看起來多可怕、多猙獰、多像變態強姦犯的藝人，但我實在答不出來，在我心中，這真的是一種固定的型男。

但是有一種類似鬍子的毛，我卻不能接受。

砂石車小開臉上有一顆痣，長在右臉的人中旁，有點靠近嘴巴。有一天我突然發現，他的痣上竟然長出一小截汗毛。我開始抖了起來，這……這會一眠大一寸嗎？果然，過不了多久，毛已經長得可以用手指去繞圈圈了！

砂石車小開倒是很引以為樂，開車時總喜歡用左手把玩那根毛，在我看來卻很像古裝連續劇裡那些幫人亂出主意的師爺。「你去剪掉啦，這樣玩好噁心！」我有一次忍不住吼出來，「幹嘛剪？我覺得這樣很性格耶！化個濃妝，就很像內村的媒婆哘！」語罷，他又繞了毛一下。「啊！好噁！」我的雞

皮疙瘩應聲而落。

　　我承認我的心態很偏頗，朋友好心勸我：「有長毛，表示那顆痣是活的，是好事啦。」但我還是覺得毛毛的，嗯，真的「毛毛的」。枕邊人原本平滑的臉上，突然像長豆芽菜一樣地冒出一根毛，我躺在他身邊，看著他的痣毛左右飄盪，心裡想著：「會不會有一群螞蟻晚上跑到這根毛上，攀爬著上去下來，演出《傑克與魔豆》之昆蟲版呢？」總之，他一天不剪，我就一天無法跟他恩愛。

　　真正能同時擁有「肚腩」與「鬍鬚」的完人，真的非虎哥莫屬，他真是我戀父情結的完美形象！

　　順著虎哥的下顎處，常有從皮膚底下浮起的青筋，筋肉下面是汩汩的血管，說真的，做愛看到還挺嚇人的，那一刻，虎哥才會讓我有「跟黑道大哥在亂世中做愛」的江湖氣味！不過，好在虎哥的眼睛夠深情，配上鬍鬚更是如虎添翼，一下就可穿越我的心肝脾胃腎。喔！這是帶槍大哥的荒涼頹敗味，他那長滿鬚草的地方，我猜是他每個七仔都想攀登的危險之巔！

　　我常回想著跟虎哥第一次在唱片簽唱會現場見面的情形，是不是當時我就是被他這種有血有肉的雄性情懷吸引住了？如果我們後來失聯了，我還會那麼清楚地知道：原來我喜歡的，就是虎哥那種類型的男人嗎？

　　這些都是我現在無法估想的，但可以肯定的是，遇到肥壯與蓄鬍的男人，我一定不費什麼工夫就讓他滑進洞裡，即使是一個拒絕的眼神，如光頭佬，卻仍然那麼吸引著我！

▍拜見兩大天王

　　對於「熱情的沙漠」鳥來伯而言，做愛時，潤滑劑和保險套，大概是此生最重要是的性愛兩大天王。

　　小時候哪懂什麼叫做潤滑劑呢？記得跟初戀高個男相愛時，我們算是阿呆與阿瓜，壓根不懂什麼潤滑不潤滑的。雖然對方身材壯碩得夠格演 AV，卻因爲年紀太小經驗有限，技術相當拙劣，不管他怎樣挑逗我，鳥來伯都是三秒快乾井，當時我們只好用凡士林亂塗亂抹，每次都把整張床搞得跟打翻燒仙草一樣黏呼呼的。凡走過必留下痕跡，有時候做完沒擦乾淨，萬一別人不小心沾到，還以爲是鼻屎或噴射物咧，凡士林就是有這壞處，可惜！

　　有一天，高個男靈光乍現地說：「聽我同學說，屈臣氏有

賣一種叫做 KY 的潤滑劑，很好用，我去買來試試看好不好？」
喔！阿瓜終於變聰明了，既然他有如此的誠懇和頓悟，我也就
不必再「乾」瞪眼了。他興高采烈買回來後，當晚我們就決定
來實驗看看，只見他迫不及待地，起身打開像牙膏狀的 KY，
轉身去不知道在幹啥；我開開心心地在床上，兩腿在空中畫圈
圈叉叉，並呻吟著召喚他快來。

他抹完 KY 後，迅速跳上床，但是呢，剛進來情況就有點
怪。「不滑啊？」我先發難，「沒有滑的感覺啊，你騙我！」
高個男趕緊說：「有啦有啦，我剛剛塗超多。」好吧，我再等
等。奇怪，他前後挪動半天，我還是覺得很乾燥耶，他卻一直
喊：「好滑好滑！」真是不解，但是我看他的動作挺流線型，
好像裡面真的滑不溜丟的樣子；但我還是覺得乾，難道我真的
乾到沒救了嗎？眼看就快被磨破皮了。「妳想跟我一起死嗎？
我們做一對同命鴛鴦吧！」高個男興奮地喊著；我呸！我都還
沒答應接受你的愛呢。潤滑都是假象，假象啊……！

高個男突然吼叫：「糟糕，要滑出來了……」，「什麼東西
滑出來啊？」我話沒說完，一根沾滿透明潤滑劑的老二倏地從
我底下刷出，晶瑩剔透的；我氣急敗壞地說：「喂！你怎麼沒
帶套子？」，「有啊有啊，我剛明明有戴！」他急忙低頭找套
子。搞半天，原來套子遺落在我妹妹裡面啦！

各位讀者，你們知道發生什麼事了嗎？原來高個男那蠢
蛋，竟先把老二塗潤滑劑才戴上套子啦，救命啊！笨到攝護腺
去了啦，難怪他的小弟弟在套子裡滑得要命，不飛噴出來才
怪，而我卻還是乾的像在搪牆。事後我一直抱怨：「你不夠愛
我，如果你夠愛我的話，應該可以察覺出我的痛苦。」沒辦

法，小小年紀就是這麼幼稚，什麼是潤滑劑，什麼是愛，又怎能分清楚？

鳥來伯是一個常常會把東西搞丟的女生，手套一雙戴出去回來只剩一隻，襪子也常洗著洗著就變單隻，明明自己有修正液、剪刀、釘書機，卻總是找不到，每次都得伸手跟同事借；包包裡的護脣膏總在嘴巴快裂掉了還是找不到，但明明就已經是本週買的第四支了，心酸！

記得大學畢業時，我從學校宿舍搬東西回家，天啊，我竟整理出十八個橡皮擦、三十六枝有水沒水的原子筆、二十三顆不知道有沒有電的乾電池、二十片夜安型衛生棉、六排分別被挖空二、三顆的普拿疼……等等。就因為我太常把東西弄不見，一時半刻沒耐心找，就跑去買新的，這種喪志敗家的行為，也反映到其他事情上。

為了做愛時可以隨手左右逢源，鳥來伯買了很多條 KY，客廳、房間、車上、公司、皮包到處放，還小心翼翼地先撕去外包裝，換貼上可愛貼紙掩護。但是，亂放的結果，常讓不知情的家人誤用，我弟弟曾經拿去當髮膠，說比 GATSBY 好用，還帶去畢業旅行；等我聽到時，他人已經在六福村了，「姐，連坐大怒神下來，頭髮都不會亂喔！」

我外婆更絕，有天慌慌張張從廚房跑出來，開了冰箱下層抽屜亂抓一通，拿出一條 KY 當成燙傷專用凝膠在擦，她還說上次擦起來冰冰滑滑的，比紫雲膏有效，聽隔壁的阿霞說，去疤也挺有用。啊！也就是說，接下來就看看能不能擦掉妊娠紋了？唉，那一刻，鳥來伯終於知道為何南部的賣藥電台會如此

猖狂了，只怪民眾失智，子孫不孝！

除了潤滑劑的「用塗」讓人心驚肉跳之外，保險套的問題也非常令人倒彈。不知為何，男人總喜歡戴「Hip Pop」尺寸的套子，身體又沒多大，卻愛穿著大到漏風的衣服。

自戀小不點剛開始幾次進入我身體時，常讓我相當納悶：為何還沒硬，卻要戴上套子？後來才發現，原來是他小弟弟穿的「衣服」太大件了！所以，過程中我只能感覺到套子的咻咻聲，好像套子是放在我身體裡面，他只是伸進來套子裡探頭探腦而已；那觸感真的很鬆，鬆到像女生穿上男生的運動襪一樣，空虛感讓我滿腦子一直出現「凡！凡！凡！」這個字（請注意「凡」字的象徵圖像，像不像鳥籠內窩小鳥？）唉，誰有空也進來湊熱鬧一下，套子裡還有很多空間喔！

在此也奉勸出國旅遊的女性，如果在國外看到各種可愛的保險套，想買回來孝敬老公，可得多注意尺寸，女人的天堂與深淵，往往就在一瞬間！

我猜全台灣最適合小尺寸男人的保險套，莫過於衛生署或性病防治所贈發的了，白色包裝上還畫了房子、煙囪與和樂融融的一家人，就跟香菸盒上印的「抽煙有害健康」一樣地令人倒胃。不知這種白爛保險套，是不是專門給發育中的青年使用的，所以特別細小又沒塗潤滑劑，用時乾澀心酸；連性慾都沒了，當然不會得到性病，騙人家莘莘學子不懂。

所以保險套得看人用，像這種政府出品的保險套，對於一般男人來說緊繃難用，大尺寸的男人用了便像包粽子似的，壓

迫得快斷鳥，龜頭會腫得像大紅傘，太激烈時老二還會衝破大氣層，拔腿抽逃都來不及唷；但遇到小尺寸的男人，則會恰如其分地包裹住，感觸紮實，發揮 100% 的完美功效，衝刺間保證讓你狂吼：「長官英明！政府有德！」

鳥來伯有一年尾牙抽獎，抽中一箱保險套，從此過著天賦人權的荒淫生活。我跟金城臭男不僅玩過一次戴五個口罩，也玩過一次好幾個套子的性愛遊戲。你知道隔著八個套子做愛感覺嗎？那就像你知道有人在敲門，但又好像不是在敲你家的門的錯覺！八個實在太多了，不僅是我，連金城臭男都沒有爽快的愉悅感，所以我們小心翼翼地剝掉了一層保險套，但情況還是沒改善，隔層紗隔層山啦！金城臭男索性一次再剝掉三個，感覺強烈多了，再添點 KY，四層保險套內的老二發威，「難道這就是傳說中的 3+1 定律？」鬼啦！金城臭男衝鋒陷陣毫不心軟之餘，說了只有愛因斯坦才聽得懂的話。

之後，我們每換一個姿勢就剝掉一層，隨著四、三、二、一層逐漸褪去，敏感刺激屢增。當只剩下萬佛朝宗第一層，彷彿兇殺案真相大白的那一刻來臨，「好熟悉的感覺，可是為什麼只有這次感到真實？」這句話恐怕只有徐志摩才聽得懂。總之，我們身心的高潮在那臨界點到達崩解，苦盡甘來、倒吃甘蔗的心情終能體會，只留下滿地的套子和鋁箔包裝，頗像小型轟趴結束後的會場。

十年做愛生死錄中，總少不了 KY 和保險套。或許某一天，鳥來伯終會達到「免戴套、免塗劑」的至高造愛成就，但在那一天來臨前，我還是乖乖地向性愛兩大天王俯首稱臣吧！

█ 你今天射了沒

你是每次做愛都會射精的男人嗎？

有男人說，沒射就沒爽，射了，女人反而要安心，因為表示他之前沒去找女人；萬一沒射，那這麼多天的存糧是死去哪裡了？這樣想想好像也對，射精不只是高潮，也是「繳庫示忠」的極致表現，身為男人，做愛無所爭，死也必射乎。

除了「射不射」之外，射的時機也是重點。對鳥來伯等大多數的女人而言，射精代表一個句點，畢竟男人射精啾啾兩聲就躺平了，就 Game Over 啦，女人也只能兩手一攤自己看著辦。太早或太晚射精，都讓人想趴在地上哭，我就為了這鳥問題，常常卜卦到快八孔流血。

經過親身經驗，年輕氣盛或沒啥經驗的男人，往往來得

快，去得也快。大學時，高個男和我都是初識雲雨，做愛哪懂得啥技巧？他外表雖然看來是個運動猛男，但是真正上場，卻稚嫩地令人跌倒；如果當時要他打完全場，還不如去刮樂透，看能不能中三億大獎還來得有希望。年輕的他，大都是速速勃起、盲人摸象、搵醬油、散槍打鳥，抽動不足三兩下就咻咻射了，簡直「得來速」到一個不行！高個男做愛還真的是在趕時間的，有時跟同學約好了要去打籃球，那幾次做愛，翻身比翻臉速度驚人。

當時鳥來伯年少無知，以為這就叫做愛，以為男生女生性器對上，互相拉拉扯扯就算數。我原全不知道女人也可以享受，完全沒有關心到自己的需求，也沒發現這就是所謂的「快槍俠」。直到畢業後，出社會遇到其他男人，才知道這樣叫做「早洩」，就是會讓女人不幸福的最大殺手！喔……我倒退三步開始落淚，我恍然大悟，原來路邊的牆壁上，看到用油漆寫的「早洩找我，電話×××－××××」就是這麼一回事！但我得重申，那只是他「當時」的實力，相信經過十年生聚，十年教訓，他現在應該改善許多。

我以為出社會後遇到的男人，比較會控制射精時間，有練過應該不一樣。但不舉男還是讓我失望，不舉無妨，但硬要進來，又匆匆射出，就是他的不對了。

有一次我故意在電視上播出「一分鐘看新聞」時，讓不舉男同步插入，偷偷比較他和新聞誰比較快！他那張在二十秒鐘內抽送五下後射精而扭曲緊張的臉，以及伴隨而來的下三白眼，的確叫我永生難忘，他好像交代遺言地說：「啊，出來了

……呼呼……妳，沒事吧……」您哪位啊，先生？我抱著不舉男，輕拍著他的背，用我殘存的人性與耐性，昧著良心說：「沒事的，沒事的……」（內心 OS：真的跟沒做一樣沒事耶！）天啊，凌遲我吧，我竟然還對他說出那句足以下地獄、騎木馬的謊言：「我……也高潮了……」

唉！好射之徒不持久，感情哪能長久？不舉男這種不能自如控制的不舉與早洩，成為鳥來伯不能言喻的遺憾，女人沒有高潮，男人怎能高潮？不管啦（我無法控制地拚命搖頭），人家到那時候，都沒嘗過真正的持久耶！要是有一天我死了怎麼辦？沒有持久過，人家不想死啊！我希望男人也能體驗我在高潮時的陰道收縮，我希望男人射精時與我緊緊相擁，我想聽到他高潮時心滿意足的叫床聲。

常常這樣哭夭是有用的，天公疼憨人，我終於碰到「電影長片」男人──自戀小不點。

小不點經驗豐富，求好心切，不僅歡愛前的肌膚親蜜度極佳，還可以快速讓鳥來伯情慾聚積，重點是，小不點竟然打破了我前兩任男友的一分鐘紀錄，進入兩分鐘、十分鐘、半小時……，時間越拉越長，鳥來伯陷入空前的強烈慾望和興奮，時間之久讓我動容，如果說前男友們的做愛時間是從家裡步行到巷口，那小不點簡直是從台北到台中的車程。在陰莖與陰道激烈的收縮間，我不禁懷疑：「我今天是把狗屎當成柏油路踩嗎？怎麼這麼幸運？！」

這幾年的韜光養晦，忍辱負重，如今高潮終於來臨，小不點讓我感受到一股奇妙的熱流從我的腳底湧向頭部，隨後我的

陰蒂有一種爆炸感！幾番折騰下來，時間一分一秒的過去了，我上天遁地了好幾回合，小不點卻沒有射精的預兆。時間已經是台北到屏東的車程了，「奇怪，出不來耶！」他抽出來看看老二。「厚！你問我哪知道，腿痠死了，天快亮了啦！」我邊打哈欠邊回答他。「不然，妳用手幫我一下，看我會不會快一點射！」鳥來伯生平第一次遇到做愛後還需要用「手動」才能射精的男人。

我只好使盡招數，吹含吸舔摳，火裡來水裡去，口手Remix，百轉千折，甚至中途還聊天打發時間。「喂，你交過哪一個星座的女朋友？」、「你年終領幾個月？」從星座聊到薪資，聊到舌乾口躁沒話題……我不求感受到他的生機勃勃、強壯有力，我不求他替我注入青春活力所需要的甘露，也不求他有形的和具體的占有，我只求老兄你快射吧！

可是小不點那寶貝還是滴水不漏。我逐漸不耐煩，手淫的快感如今轉變成痠痛與怨懟。好悶呀，就像買東西結帳時，連刷了三張信用卡都沒成功；你不射是不是？好，我走！我被逼上絕路，索性打開電視看球賽，右手繼續替他服務，左手抓洋芋片吃，早不知道當下是什麼情形，他如果還沒死，那就真的算他好運吧，我無所謂了。

突然，小不點瞪大眼睛對我說：「大聲一點！」我白了他一眼，心想：「我幫你手淫我也要叫？會不會太拼？」但是想想，算了，不管了，只要他能射精，我配合著呻吟了一下又何妨？我還險些被零食嗆到哩。說時遲，那時快，小不點竟然倏地搶下遙控器，原來，他想調高電視音量！「最好你也有在看電視啦！」終於，在「五洲製藥」震耳欲聾的廣告聲裡，他在

我掌心完美地衝刺。「射啦！我射啦！我射啦！」他射出精液時，興奮地好像在產房外大叫「我要當爸爸啦！」的男人，鳥來伯也險些噴尿，看看時鐘，時間都可以環島了……

男人就是這麼奇妙，早射、晚射、不射、亂射……射法千奇百怪。但是，男人不要以為女人只在乎自己有沒有達到高潮，其實女人也很在乎男人的射精品質！射得好，射得妙，衝撞的不只是陰道，更是感動女人身心的夢幻和憧憬，讓雙方的濃情蜜意更切實、更親近地交融，不只男人高潮，女人也會同步升天。

誰無父母？誰無高潮？男人若懂得控制和延長射精時間，對女人來說何其重要！要是抓不準時間，抓不準水平，簡直比天殺的陽萎還嚴重！

後記——
性愛寫手之愛恨生死錄

　　不知怎麼著，算算我也幹了快兩年的「性愛寫手」，很多人以爲寫這種文章的人，一定就是性愛教主，其實一切都是屁！

　　外界對於我這種業餘「性愛寫手」，始終帶有那麼點「淫亂大膽」、「性好漁色」、「慾求不滿」的傳奇印象，好像幹這行的就是潘金蓮鬼上身，性愛十八般武藝樣樣精通。就好像偵探小說家應該殺過人，寫羅曼史的是花痴一樣，世間對職人刻板色彩之強烈，讓鳥來伯幾乎無翻身之地。

　　例如，身爲一個性愛寫手，如果無意間說出哪些姿勢或哪些「刑具」沒用過，就等著被大夥虧「騙肖，江湖一匹狼還裝在室……」，在大家的認知裡，性愛寫手沒有閨房問題、沒有搞不定的男人、更不缺乏床友，天地童子下山來點名，教主點到

哪個男人，插翅也難飛。而且，性愛寫手不但要是床上蛟龍、星座專家，更是生活智慧王，哪個牌子的保險套最順手好取？哪種潤滑劑誤吃無妨？哪間HOTEL有生日優惠？我都得一一被質詢。

還有一些讓人聽了想撞牆的問題，例如，要跟很多人嘿咻才能當性愛寫手嗎？獅子座適合後推式嗎？十三歲能不能打槍跟打炮？鬼月時可以在荒郊野外玩車震嗎？按摩棒用哪種電池比較省電？哇咧，這些鳥問題，性愛寫手幹嘛一定要知道呢？

想到這些嗷嗷待哺的眾生，想到眾性友的期待與指教，鳥來伯也不免龜縮怕怕。

不知哪個死傢伙說過，性愛寫手跟A片女星在某方面是相似的，是世間男女的性靈捕手，A片女星耶……鳥來伯乃一介良家婦女，臉皮比處女膜還薄，要是被發現「性愛寫手」這身分，豈不像飯島愛就在你身邊？傳遍鄰里，那我還要不要做人！心路歷程簡直比揭發非常光碟事件還掙扎，加上那認定我至今還是處女的爹娘，知道後又將情何以堪，不是每個人都可以像徐若瑄一樣成功轉型的，好嗎？

鳥來伯其實極少與身邊朋友提起這個身分，聽到有人津津樂道討論「鳥來伯」或是大辣電子報「性女性男」單元時，常常有一股「招認」的衝動油然而生；不過，不管選擇低調或是大方，心理壓力會隨著時間越久而降低的，這絕非被口水淹死的問題，而是膽識的問題。

再說，「大辣辣報」的宗旨是：「性愛是美好與值得憧憬的」，有了這個偉大的神主牌，寫得好是大師，寫不好會變大

屍，多寫幾次之後，鳥來伯漸漸也釋放開來。

身爲性愛寫手，喜的是，用慣了嘻笑的角度看性，便能移除痛苦性經驗，快樂地活下去，很多快遺忘的做愛橋段也一一被召喚出來，算是性愛寫手最珍貴的體悟與發現。哀的是，辣報主題雖多，翻來寫去，題材總會殆盡，周圍實在也沒這麼多好玩的情慾故事可以下手，如果當時正好性生活乏味或空窗，最直接影響的就是文思便秘，擠不出來，性愛寫手混到這一步，油燈枯盡，眞的不是「性無能」可以比喻的！

有很多人問我，男朋友知道妳在寫這個嗎？我爲此掙扎很久，因爲當我向男友坦承性愛寫手這個身分，也就是坦承了我過去的性生活，這，絕不是每個男人都能夠接受的。

出乎我意料之外的是，男友並未聞風喪膽，還滿能以「身爲性愛寫手的另一半」爲榮，二十四小時全天候開放服務，配合鳥來伯「三日不做愛，面目欠扁、文章倒胃」之無可抗逆的天意，砥礪自己成爲超級種馬；並且非常體諒我嘿咻到一半，突然彈起來急急忙忙寫下笑點的愚蠢行爲。文章中若出現從未與男友試過的姿勢，他便會吃味地說：「喂！都跟別人做，都不跟我做……」要不就是某次性愛服務不夠周到，事後男友還會討好地說：「拜託不要把這件事寫到辣報上面啦！」如此誠惶誠恐地拜見教主，讓我彷彿背脊浮現出「性愛寫手魂」傳人的字樣！

性愛寫手牽拖的人事物，超過想像。
鳥來伯的某任砂石車小開男友，多年前遠赴國外求學，我

們失聯已有四年之久。有天，一名自稱「砂小」的男人打越洋電話來，原來就是他。砂小問我有沒有把我們「那個那個」的事情跟別人說？他說在網路上看到幾篇電子報，做愛手法相似度竟達100%！阿們，那個那個是你沒錯呀，我在心中吶喊著，我把我們那個那個的故事拿去換稿費了，生活艱苦，等米下鍋啊！他又說：「不過，那個人寫的那個那個還挺有趣的！」阿們，是我沒錯呀，我在心裡又吶喊了……

　　天涯若比鄰，因為辣報，讓鳥來伯和砂小在年少那個那個的激情回憶裡相遇了！

　　感謝在我靈感操盡時，不停鼓勵我說：「妳行的！妳的幸福就是辣報讀者的性福！」的大辣小編，說也怪，聽到那一句鼓勵，鳥來伯就可以化悲傷為腰部力量，誓死淫文載正道，還眞難斷奶。

　　感謝各位辣友毋甘嫌，鳥來伯意外踏入辣報，一試成主顧有段時間了。我想，拿到一盒印有「性愛寫手」燙金字樣的炫目名片，應該是比得到高潮還重要的現階段任務吧！

感謝性愛應援團：

電器行小開、探長、小貓、配魚1688、愛絮麗、斑馬、草莓夫人、小雪、阿泰、驕豪、牛要生、陳爸陳媽、小妃、貫不妙。

國家圖書館出版品預行編目資料

放鳥過來！——性愛女寫手的嗆辣記事／鳥來伯作；
BO2繪圖
——初版——台北市：大辣出版：大塊文化發行，
2006〔民95〕
面；　公分——（dala sex；10）

ISBN 986-81936-0-5（平裝）
1.兩性關係 —文集

544.7　　　　　　　　　　　　94026382

放鳥過來！

天啊，這是傳說中的男人狐臭嗎？那一刻，我知道我已淪陷胡人的營區裡了！

喔！這是帶槍大哥的荒涼頹敗味，他那長滿鬍草的地方，我猜是他每個七仔都想攀登的危險之巔！

鳥來伯的衣櫥裡有不下數十件「戰袍」，什麼前開後幹褲啦、人面獸心眼罩啦、軟硬姦施手銬啦……，件件都是功在黨國的一時之選。

「妳行的！妳的幸福就是辣報讀者的性福！」聽到這句鼓勵，烏來伯就可以化悲傷為腰部力量，誓死淫文載正道……